엄마, 주식 사주세요

BUY STOCK, BUY FUTURE

BUY STOCK,
BUY FUTURE

엄마,
주식
사주세요

존 리 지음

JOHN LEE

한국경제신문

가계가 탄탄해지려면
엄마들이 부자가 되라

주식투자에 대한 철학을 알리고자 《왜 주식인가》를 출간한 지 벌써 4년째에 접어들었다. 호응도 무척 좋았고 올바른 투자 철학을 갖는 데 도움이 되었다는 독자들의 피드백도 많았다. 그 사이에 나는 메리츠자산운용의 대표이사직을 맡으면서 한국으로 돌아왔고, 지금까지는 대체로 성공적이다. 한국 회사에서는 처음으로 일하는 셈이지만, 20여 년간 미국 금융시장에서 일해온 경험을 적극 활용하여 성과를 내고 있다. 우리 투자팀의 활약으로 메리츠자산운용의 펀드 운용수익이 상위로 뛰어올랐고 수탁고도 많이 늘어났다. 많은 고객이 우리를 알아주고, 매스컴도 메리츠의 변화에 호의적이다. 메리츠의 몇 가지 이례적인 조치가 오랜 시간 정체되어 있던 우리 금융산업에 새바람을 일으켰다는 이야기를 자주 듣고 있다.

짧은 시간의 성공 스토리에 몇몇 출판사에서 새로운 책을 내기를 권유했으나 그동안은 정중히 사양했다. 주식에 투자해야 하는 이유와 방법을 전작에 충분히 담았다고 믿었기 때문이다. 또 내 본업은 작가가 아니고 투자가인 이유도 있었다. 그런데 최근 들어 책을 내야겠다는 생각이 절실해졌다. 생각의 방향을 조금만 바꾸면 삶의 질을 훨씬 더 높일 수 있을 터인데, 그렇지 못한 이들이 의외로 많다는 걸 알게 되었기 때문이다.

미국에 있을 때 15년 동안 코리아펀드의 펀드매니저로 일했기에 한국을 누구보다 잘 안다는 자부심이 있었다. 세계 각국을 다니면서 한국을 소개하고 얼마나 잠재력이 큰 나라인지를 이야기할 때 내 가슴은 뛰었다. 단순히 내가 한국인이어서가 아니라 금융인으로서 객관적인 분석에 따른 결론이 그러했으며, 그 믿음은 지금도 변하지 않았다. 하지만 나라 전체를 한 덩어리로 봤을 때와 달리, 실제 개개인을 만나면서부터 이해할 수 없는 일을 접하기 시작했다. 지난 2년간 수만 명을 만났는데, 그중 많은 이들이 부자 되기를 싫어하는 것처럼 보인 것이다.

가장 먼저 눈에 띈 현상은 빈곤층의 확산이었다. 빈부의 격차가 심해지고 상위 몇 프로 자본가의 수중에 돈이 집중되는 현상은 세계적으로 비슷하다. 하지만 우리나라에서는 노인층의 빈곤화가 유달리 심각한 수준이다. 한국인만큼 일 잘하고 열심히 하는 사람들은 세계 어딜 가도 드문데, 왜 70 가까운 연세에 택시 운전을 하고 허옇게 센 머리로 밤늦게 편의점을 지키고 계실까? 그분들 중에는 대기업 출신도 상당하다는 게 더 이해할 수 없는 일이다. 가만히 있으면 몸이 근질거려 소일거리로 한다는 분들도 계신다. 하지만 대개는 생계 때문에 일을 해야만 하는 처지라고 말한다. 평생을 바쳐 열심히 일하고도 노년에 궁핍한 생활을 할 수밖에 없다면 분명 뭔가 잘못된 것이 아닐까? 이런 얘길 하면 한결같이 돌아오는 말이 애들 교육시키느라 노후 준비를 못 했다는 것이다. 나는 그런 답변을 처음 들었을 때 너무나 안타까웠다. 아이들 교육비는 어느 정도 들어가야 하지만, 그것이 부모 자신의 노후 생활비를 끌어다 써야 할 만큼 엄청나다는 말인가?

궁금증을 미뤄두는 성격이 아닌 나는 그 이유를 파고들기 위해 우리나라 사교육의 실태를 알아보기 시작했다. 한마디로, 어마어마했다. 한 해 사교육비 총액이 무려 20조 원에 육박하는 것이다. 2016년 우리나라 국가 예산 규모가 386조 원이니 둘을 비교해보면 얼마나 큰 숫자인지 알 수 있을 것이다. 심지어 강남구 일부 지역에서는 소득의 38%를 사교육비로 지출한다는 조사 결과도 보도되었다. 고등학생 자녀 한 명당 월평균 200만 원이 사교육비로 나가는 집도 있다고 하니, 자녀가 둘 이상이면 저축은 꿈도 못 꾸게 된다. 이런 상황이므로 교육시키느라 노후 준비 못 했다는 그분들의 말씀은 충분히 이해가 됐다. 하지만….

하지만 왜 그렇게까지 사교육에 돈을 쏟아붓는지는 이해할 수 없었다. 이것은 부자가 되는 길과 정확하게 반대로 가는 것이기 때문이다. 부자가 되려면 투자를 해야 하는데, 투자는커녕 밑 빠진 독에 하염없이 물을 길어다 붓는 꼴 아닌가. 아마도 내 자식만큼은 남들에게 뒤처지지 않고 잘됐으면 하는 부모다운 소망의 발현이리라. 그래서 옆집 아이가 두 과목 하면 내 아이도 최소한 두 과목은 사교육을 시켜야 한다고 생각하는 듯하다. 하지만 귀한 아들딸을 단지 안정적이라는 이유로 고작 공부 잘하는 학생, 성실한 월급쟁이로 만드는 것은 최선이 아니다. 안정적인 것만 추구하는 것이 오히려 미래를 불안정하게 만든 다는 사실을 깨달아야 한다. 펀드매니저로서 말하자면, 투자 대비 수익이 가장 형편없는 것이 사교육이다.

'엄친아'니 '엄친딸'이니 하는 말이 한때 유행했듯이 우리 사회는 유독 다른 사람의 시선을 신경 쓰고 다른 사람과 비교하는 경향이 있다. 무엇이 됐든 '절대 져선 안 된다'는 투지(?)가 강하고, 기성세대 자신들뿐만 아니라 자녀들에게도 경쟁에서 꼭 이겨야 한다고 가르친다. 그리 고 '치맛바람'이라는 말이 있듯이 특히 사교육 문제에서 실권을 쥔 사람은 아빠보다 엄마인 가정이 많다. 그래서 나는 '가계가 탄탄해지려면 엄마들이 부자 되는 법을 알 아야 하겠구나' 하는 생각을 했다. 그리고 엄마들에게 그 이야기를 해주기 위해 책을 써야겠다고 마음먹었다. 이 책은 주로 엄마들, 정확히는 엄마든 아빠든 가정의 수입 과 지출을 담당하는 실림꾼을 향해 이야기하는 것이다.

우리 사회에서 노후 빈곤의 문제가 심각한 것은 여러 곳에서 원인을 찾을 수 있을 것이다. 나는 그중에서도 사교육의 문제를 출발점으로 꼽고 싶다. 사교육은 단순히 부모 자신이 노년층이 됐을 때 가난해진다는 문제로만 연결되는 것이 아니다. 사교육 자체의 문제가 그보다 훨씬 더 심각하다. 오로지 공부에만 매달리는 아이는 타고난 재능을 발휘해볼 기회조차 얻지 못하고, 공장에서 찍어낸 상품처럼 누구나 할 수 있는 생각밖에 못 하게 된다. 지금 사교육으로 얻고자 하는 것이 바로 이것이기 때문이다. 답은 이미 정해져 있고, 그것을 얼마나 잘 외워서 답하는가가 우리 시험 제도의 특성 아닌가. 다음 세대가 이처럼 틀에 갇혀 획일화된 사고를 하는 것은 국가 경쟁력에도 엄청난 악영향을 미친다. 국가 경쟁력의 후퇴는 다시금 개개인의 발전을 제한할 수밖에 없고, 이 악순환은 끊임없이 지속된다. 1부에서는 사교육과 노후 준비 문제에 대해 집중적으로 다뤄볼 생각이다.

부자가 되려면, 그리고 자식이 잘살기를 바란다면 엄마 자신부터 생각을 바꿔야 한다. 이제는 공부 잘해서 좋은 대학 나오는 것이 부로 연결되는 시대가 아니다. 월급만 가지고는 평생 걸려도 집 한 채 장만하기 어려운 시대다. 자본주의 사회에서 가장 효율적으로 돈 버는 방법, 그것은 자본가가 되는 것이다. 부자가 되려면 남을 위해 일하지 말고 자신을 위해 일해야 한다. 월급쟁이는 남을 위해 일하는 것이다. 취직을 하려고 노력하는 것보다 자신이 회사를 차리는 것이 부자가 되는 가장 빠른 길이다. 취직을 할 수밖에 없다면 차선책이 바로 주식을 사는 것이다. 2부에서는 주식투자가 왜 선택사항이 아니고 필수인지, 한국 주식시장이 왜 매력적인지에 대해 이야기할 것이다. 왜 우리 사회에서 주식투자가 도박으로 여겨지게 되었는지, 차트에 의존하는 주식 매매와 띠

도는 소문을 듣고 사고팔길 반복하는 일은 왜 실패할 수밖에 없는지도 알아본다. 올바른 투자 철학이 필요한 이유를 다시 한 번 확인할 수 있을 것이다. 좋은 기업을 선택하여 시간의 힘을 믿고 기다리는, 성공적인 주식투자 방법에 대해서도 다룰 생각이다. 이 책을 통해 부자가 되는 쉬운 방법을 터득하는 독자가 늘어나길 바란다.

나는 대학교 2학년까지는 한국에서, 그다음 35년간은 미국에서 살았다. 이런 배경이 책을 쓰는 데 큰 도움이 되었다. 미국의 성공한 좋은 사례들을 잘 응용하면 한국의 부족한 면을 보완할 수 있다고 생각한다. 우리 자녀들을 공부만 잘하는 우물 안 개구리로 만들어선 안 된다. 이 세상이 우리 자녀 세대에게 제공하는 많은 기회를 한국의 잘못된 교육 시스템 때문에 놓치게 하고 싶지 않다. 몇 가지만 실천한다면 우리 미래 세대가 훨씬 더 훌륭하게 자랄 수 있고 또한 충분히 부자가 될 수 있다는 사실을 알리고 싶다.

일일이 열거할 수 없지만 주저하는 나에게 책을 내야 한다고 강요(?)한 분들께 감사한다. 무엇보다 사랑하는 아내 지연, 묵묵하고 성실하게 자기 일을 해내는 두 아들 스캇(Scott)과 피터(Peter)에게 감사한다. 그리고 메리츠자산운용의 직원과 가족들께도 고마운 마음을 전한다. 모든 것에 서투른 나를 믿어준, 큰 변화도 즐거워하며 따라준 그들이 없었다면 이 책이 나오는 것은 불가능했을지도 모른다.

끝으로 생각할 때마다 가슴이 뭉클해지는, 2년 전 하늘나라로 가신 어머니. 평범한 것을 거부하도록 가르쳐주신 나의 어머니께 이 책을 바친다.

2016년 5월
존 리

내가 엄마들을 대상으로 책을 써야겠다고 생각하게 된 계기는 한 일간지의 기사를 읽고서였다. 한국 엄마들의 경제지식 수준에 관한 기사였는데 복리개념을 이해하는 엄마들이 20%가 채 안 된다는 내용이었다. 놀랍게도 이는 방글라데시보다 낮은 수준이라는 설명이 덧붙어 있었다. 양국의 경제력을 GDP로만 비교해도 2015년 기준 한국은 1조 4,000억 달러로 세계 11위이며, 방글라데시는 약 2,000억 달러로 세계 44위인데 말이다.

한국의 엄마들이 정신 바짝 차리지 않으면 지금 우리보다 뒤진 나라들에 언제 따라잡힐지 모른다. 엄마들이 바뀌어야 한국에 미래가 생긴다. 자녀를 부자로 만들고 부모 자신들도 풍요로운 노후를 보내려면, 가계부를 담당하는 엄마의 역할이 가장 중요하다.

BUY STOCK
BUY FUTURE

1부

부자가 되려면
생각을 바꿔라

1
장

사교육의 늪에서
빠져나와라

BUY STOCK, BUY FUTURE

자녀를
박스에서 꺼내라

내가 미국에 있을 때의 일이다. 어느 날, 초등학생 아들이 학교에서 가정통신문을 한 장 받아왔다. 무척 인상적이어서 지금까지도 기억에 남는데, 집에 가서 해야 할 숙제나 공부 목록 대신 이렇게 적혀 있었다.

"숙제를 못 해도 좋으니 아이들을 제때 재우세요."

한국 부모들의 교육열이 워낙 유명한 터였기에 학교 측에서는 혹시라도 숙제시키느라 아이들을 늦게 재울까 염려했던 것 같다.

맞는 말이다. 아이들은 많이 자야 한다. 나도 어렸을 때 푹 자고 일어나 동네 골목골목을 누비며 신나게 놀았다. 놀다가 지쳐 잠이 드는 바람에 저녁도 걸렀던 추억이 아른하다. 잘 자고 잘 노는 아이일수록 유연한 사고를 할 수 있다. 의학적으로도 잠을 많이 자야 뇌가 커지고 좋은 능력을 발휘할 수 있다고 한다. 아이들은 천성적으로 무엇이든 궁금해하고 신기해하며 직접 해보려는 욕구에 가득 차 있다. 종일 지치지도 않고 질문을 해대며, 새로운 것을 발견하면 자석에 이끌리듯 다가가 만져보고 이내 장난감으로 삼는다. 그렇게 친구들과 어울려 놀면서 체력을 다지고 함께하는 방법을 배우며, 아이다운 엉뚱함에 지식이 더해지면서 창의성이 계발된다.

그렇지만 지금 우리 아이들은 어떻게 자라고 있는가? 어느 동네를 가든 신나게 뛰노는 아이들을 볼 수가 없다. 햇살 좋은 오후, 학교가 끝나 떠들썩할 시간인데 놀이터도 골목도 조용하기만 하다. 그 시간에 아이들은 어디에 있을까? 학원이다. 심지어 초등학생이 아침 7시에 집을 나가면 밤 12시가 넘어서야 하루 일과를 마치고

귀가한다는 기사도 봤다. 학교 수업이 끝날 시간이 되면 교문 앞에 학원 차가 줄을 지어 서 있다가 아이들을 데려가고, 한 군데가 끝나면 그다음 학원에서 데려가는 식으로 학원 순례를 하는 것이다. 물론 이런 경우는 극소수일 거라 생각하고 싶지만, 대부분 아이가 낮 동안 콘크리트 건물 안에 갇혀 있는 것만은 분명한 듯싶다. 몸이 갇히면 생각도 갇히게 마련이다. 아이들한테는 지옥이 따로 없다.

학원을 돌며 선행학습을 한 아이들은 학교 수업시간에는 딴짓을 하거나 잠을 잔다. 그러고는 방과 후 학원에 가서 다시 밤늦은 시각까지 수업을 듣고 집에 가서 학원 숙제를 하는 생활을 반복한다. 피곤에 지칠 대로 지친 이 아이들에게는 주변에 관심을 둘 여유도 호기심을 가질 틈도 없다. 온통 경쟁자로 둘러싸인 환경에서 1등이 되는 것만을 목표로 나아갈 뿐이다. 생각만으로도 안쓰럽기 그지없는 일이다. 아이들 웃음소리가 들리지 않는 사회가 과연 행복한 사회일까? 그 아이들은 어디에서 행복을 배울까?

아이들을 틀에 가두는 교육

알다시피 사교육에 열을 올리는 사람은 주로 엄마들이다. 꼭 그렇지 않은 가정도 있겠지만 한국의 사교육 열풍은 엄마들이 주도한다. 교육에 극성인 강남 엄마들을 부르는 대치동 맘, 자식의 앞길에 걸림돌이 되는 것은 다 치워준다고 해서 잔디깎이 맘, 사교육 정보에 정통하여 다른 엄마들을 이끌고 다닌다고 해서 돼지 맘 등 사교육에 앞장서는 엄마들을 가리키는 이름이 유행 따라 생겨난다.

그런데 이런 엄마들도 나름대로는 속사정이 복잡할 것이다. 남의 아이가 새벽 2시까지 학원 투어를 다니는 모습을 보면 내 아이가 집에서 자고 있는 걸 두고 보기가 불안해진다. 옆집 아이도 그 옆집 아이도 다 사교육을 받고 있기에, 따라 하지 않으면 우리 아이만 뒤처질 것 같아 두렵다. 돈이라도 쏟아부어야 그나마 불안감이 덜해지고 부모 할 일을 하는 것 같다고 느낀다. 심지어 한국의 사교육 열풍을 우습게 여기던 미국의 교포들도 한국에 들어오면 똑같이 닮아간다. 주변의 압박이 그만큼 대단하다는 얘기다.

사교육, 특히 선행학습은 아이들의 창의성을 없애는 교육이다. 학습에는 단계가 있고, 단계마다 가장 잘 받아들일 수 있는 시기가 있다. 그런데 그 단계를 무시하고 선행학습을 시키면, 제대로 이해하여 자기 것으로 만들 수 없음은 물론 공부를 힘겨운 노동으로만 여기게 된다. 반에서 1등을 하기 위해 하는 공부, 엄마 아빠의 기대를 충족시켜주기 위해 하는 공부는 아이에게 즐거움이 되지 못한다. 경쟁력 있는 어른으로 자라려면 새로운 것을 배우는 데 흥미를 느끼고 스스로 생각을 많이 해야 하는데, 현재 우리 교육은 아이들을 박스에 가둬 스스로 생각할 기회를 박탈하고 있다.

내가 대학에 입학하던 때는 없었는데, 입시 때 논술고사라는 것도 본다고 해서 주제가 어떤 것들일까 궁금해한 적이 있다. 논술이란 말 그대로 자신의 주장을 조리 있게 내세우는 것이니 청소년들이 어떤 생각을 가지고 있는지 알 수 있겠다는 기대도 있었다. 하지만 실상을 알고 나서는 많은 실망을 했다. 일단 대학에서 문제로 내놓는 주제 자체를 이해할 수가 없었다. 내가 이해하지 못하는 것을 고등학교 3학년이 어떻게 푸는 건지 의아스러웠다. 주위 사람들의 설명으로는 대학교에서 원하는 정답이 있고, 학생들은 과외를 통해 점수가 잘 나오도록 대답하는 요령을 배운다고 한다. 나는 경악을 금할 수가 없었다. 자기 생각이 아니라 대학교에서 원하는 답을 쓰기 위해 과외를 받아야 한다니 얼마나 슬픈 일인가. 더욱이 그런 교육은 후에 사회생활을 하는 데 전혀 도움이 되지 않는다.

주입식 교육의 첫 번째 문제점: 남다른 생각을 하지 못한다

답을 외우는 데 치중하는 교육은 크게 두 가지 점에서 아이를 망쳐놓는다.

첫 번째는 남들과 똑같은 생각밖에 하지 못하게 된다는 점이다. 자연스럽게 생기는 아이다운 궁금증을 계속해서 억누르라고 요구받기 때문이다. 정해진 답을 찾아내려는 소극적 태도가 몸에 밴 아이들은 정답이 주어지지 않는 상황이 닥치면 당황해서 아무것도 하지 못한다. 머릿속에 저장해둔 몇 가지 지식을 가동해보고 그 밖의 문제라 생각되면 그냥 손을 놓아버리고 만다. 교과서적인 길 외에 다양한 상황을 접해본 경험이 없기에 문제를 해결하고자 하는 의지조차 갖지 못한다.

미국에 있을 때 지인의 아들이 대학교에 입학한다는 소식을 듣고 입학식에 함께 간 적이 있다. 입학식장에서 그 학교 총장은 다음과 같은 연설을 했다.

"여러분이 학교에서 배우는 지식은 4년 후 학교를 졸업할 때가 되면 50% 이상이 쓸모없게 될 것입니다. 그러므로 학교 수업 이외에 스스로 경험하고 배우는 게 중요합니다. 저마다 경험을 통해 배운 것을 졸업하기 전에 학교와 공유합시다."

학교를 대표하는 사람임에도 학교 교육의 틀에 얽매이

지 말라고 당부하는 모습을 보고 신선한 충격을 느꼈다.

그런데 우리 사회에서는 아이로서 할 수 있는 많은 경험을 포기하고 공부만 하는 학생들을 칭찬한다. 수능 시험에서 만점 받은 학생들에 대해 대대적으로 보도하는 게 대표적인 예다. 어느 지역 어느 학교 출신이라는 둥, 공부 방식은 어떠했다는 둥 모든 언론이 호들갑을 떤다. 수능과 비슷한 시험으로 미국에는 SAT가 있는데, 거기서 만점 받은 학생이 있다고 해서 언론이 대서특필하는 일은 없다. SAT 점수가 높으면 대학교 입학 과정에서 조금 유리할 뿐, 합격에 결정적인 영향을 끼치는 것은 아니다. 오히려 다른 활동을 하지 않고 SAT만 만점 받았다면 정상적이지 않은 것으로 간주되어 불리해지기도 한다. 공부 말고도 한 사람의 경쟁력을 가늠하기 위해 참고해야 할 것이 너무나 많기 때문이다.

수능 만점이라는 점만 가지고는 결코 뛰어난 인재라고 할 수 없다. 진정한 인재는 우리가 살고 있는 세상을 좀더 나은 곳으로 만드는 사람이다. 그런 인재로 키우려면 끊임없이 남과 다른 생각을 하도록 연습시켜야 한다.

계속 의문을 던지게 해야 한다. 남들이 이미 만든 것을 암기하게 하는 것은 최악의 교육 방식이다. 선행학습에 돈과 열정을 쏟는 대신 많은 책을 읽게 하고 함께 여행을 가는 것이 성공하는 데 훨씬 효과적이다. 다양한 경험을 한 아이가 더 경쟁력 있는 어른으로 자란다.

우리 회사에서는 수능시험에서 만점을 받았다는 학생은 뽑을 것 같지 않다. 다양한 경험을 쌓은 사람이 필요한데, 쓸데없이 너무 공부만 했을 가능성이 크기 때문이다. 다양성이 무척 중요한 시대인데, 공부만 잘한 것은 아무 의미가 없다. 대학교수가 되는 것이 목표가 아니라면 말이다.

주입식 교육의 두 번째 문제점: 홀로 서지 못한다

두 번째는 홀로 서지 못하게 된다는 점이다. 외우라는 걸 정확하게 외웠는지, 숙제는 정해진 시간에 정해진 방법으로 했는지 등을 감독하여 점수를 매기는 것은 아이를 성장시키는 교육이 아니다. 문제를 접했을 때 스스로 여러 방안을 생각해보고, 하나의 현상을 보고도 자기 나름의 판단을 할 수 있어야 정신적인 성장이 이뤄진다. 남들이 엉뚱하다고 하든 말든 자기만의 상상의 세계를 구축해본 적이 없는 아이들, 스스로는 어떤 모험도 감행해본 적 없는 아이들은 성인이 되어서도 자기 결정력을 가지지 못하고 부모의 그늘에 머무르려 한다.

얼마 전 우리 회사에서 장학 프로그램을 하나 만들었다. 대학에 다니고 있거나 입학이 예정된 학생들에게 펀드에서 모인 수익금 일부를 무기한으로 빌려주고, 그들이 성공했을 때 다른 어려운 학생들을 도와주도록 한다는 취지였다. 나는 이 프로그램을 통해 가난하지만 보석 같은 인재들을 많이 만날 수 있으리라는 기대에 부풀어 있었다. 그런데 막상 프로그램을 공지하고 보니 학생들이 아니라 엄마들의 문의로 전화통에 불이 날 정도였다. 자기 아들딸이 이러이러한 사정에 처해 있는데 혹시 지원이 가능하냐는 것이다.

뜻밖의 상황이 펼쳐지자 나는 어안이 벙벙해졌다. 본인의 미래를 설계할 자금을 엄마를 통해서 구하는 아이들에게 내가 뭘 기대해야 할까? 아들딸이 다 자랐는데도 스스로 길을 개척하도록 놔두지 못하는 엄마들에게 어떻게 장학금을 주겠다고 말할 수 있을까? 애초에 이 프로그램은 척박한 환경에서도 꿈을 펼치고자 고군분투하는 젊은이들을 대상으로 한 것이었다. 그런데 장학금에 대해 문의하는 일조차 자기 힘으로 하지 못한다면 그 젊은이는 대체 무엇을 할 수 있다는 건가.

상황이 이렇게 된 데에는 자녀보다 엄마의 책임이 더 크다. "넌 공부만 해. 나머지는 내가 다 알아서 할 테니." 한국 엄마들이 자녀들에게 흔히 하는 말이다. 그렇지만 아이가 어릴 때야 어쩔 수 없다 쳐도, 성인이 된 자식의 일을 엄마가 대신 해주는 것은 바람직하지 않다. 심지어 자녀가 다니는 회사에 전화해서 업무며 인사 문제에 대해 이러니저러니 하는 엄마들도 있다는데, 그것을 모성애라고 생각한다면 엄청난 착각이다. 스스로 경험할 수 있게 하고, 성공이든 실패든 경험을 통해 성장하게 해주는 것이 진정한 사랑이다.

한국의 지나친 사교육에 문제가 많다는 건 내가 만난 대부분의 사람이 인정한다. 그러면서도 바꾸지 못하는 이유가 무엇일까? 자기는 그만두고 싶어도 다른 집이 하기 때문에 어쩔 수 없다고 말하는 엄마들이 많다. 아이가 학원에 안 다니면 같이 놀 친구가 없기 때문이라고도 한다. 하지만 이것은 궁색한 핑계에 불과하다. 자신의 불안감을 달래기 위해 자녀에게 부담을 지우는 것이다.

우리 아이들은 훨씬 더 창의적이고 즐거운 교육을 받을 권리가 있다. 또한 그렇게 해야만 성공의 길에 더욱 가까워진다. 그럼에도 엄마들은 경직된 교육 시스템에서 아이를 꺼내려는 노력을 하지 않는다. 오히려 그 시스템 안에서 1등을 하는 것이 안정적인 삶을 보장해줄 것이라고 생각한다. 엄마들부터가 틀에 갇혀 있으니 아이들에게 틀 바깥을 볼 기회를 만들어주지 못하는 것이다. 자식의 성공을 바라는 한국의 어머니들이 오히려 자식의 성공에 걸림돌이 되고 있진 않은가? 깊이 생각해

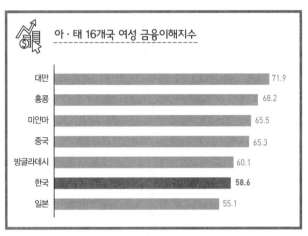

아·태 16개국 여성 금융이해지수

대만	71.9
홍콩	68.2
미얀마	65.5
중국	65.3
방글라데시	60.1
한국	**58.6**
일본	55.1

자료: 매일경제, 마스터카드, 2014년 7~8월, 1만 2,574명 조사

봐야 한다.

우리의 교육이 바뀌어야 한다. 아이들을 획일화하는 주입식 교육을 멈추고 저마다의 특성과 강점을 발견하고 발휘할 수 있는 방향으로 나아가야 한다. 그것은 바로 다름을 인정하고 다양성을 격려하고 엉뚱함을 응원하는 것이다. 그러려면 가장 먼저, 엄마들의 교육관이 바뀌어야 한다. 공부를 지식 쌓기로만 여기고, 친구들과 협력하기보다는 무조건 이겨야 할 경쟁 상대로 생각하

게 하는 현재의 뒤틀린 교육 시스템을 엄마들이 거부해야 한다. 중요한 것은 지금 당장의 학교 성적이 아니라 자녀가 더욱 풍요롭고 행복한 인생을 살 수 있도록 멀리 보는 안목임을 기억해야 한다. 아이를 박스에서 꺼내자. 폭넓고 다양한 경험을 함으로써 남과 다른 생각을 하도록 말이다.

월급쟁이가 아니라
자본가로 키워라

얼마 전 공무원시험 응시자 수가 올해 사상 최대를 기록했다는 기사를 봤다. 2016년도 국가 공무원 9급 공채시험 이야기인데, 무려 22만 명이 몰렸다고 한다. 몇 년 전 초등학생들을 대상으로 한 장래희망 조사에서 가장 많은 응답이 공무원이었다 하여 씁쓸함을 느꼈는데, 사회에 진출할 연령대에서 그 현실 버전을 보여주는 듯하다.

열한두 살 아이들이 장래희망을 공무원이라 답한 건 아마도 부모가 그걸 바라고 있기 때문일 것이다. 10년

간격으로 IMF와 금융위기를 겪으면서 우리 사회에서는 '안정'이 직장을 구하는 데 최우선 조건이 되었다. 멈추지 않는 사교육 열풍도 자녀가 안정적인 직장을 구했으면 하는 바람에서 출발한다고 볼 수 있다. 열심히 공부해서 좋은 대학 나와, 월급 꼬박꼬박 나오는 직장에 들어가면 편안한 삶을 누릴 수 있다고 믿기 때문이다.

그런데 공무원이 되거나 대기업에 입사하면 정말 편안한 삶이 보장되는 걸까? 아니, 그에 앞서 직장과 직업에 대해 현재 기성세대가 가지고 있는 기대치가 실제로도 합당한 걸까?

자녀가 살아갈 세상이 지금과 같을까?

상당히 오랫동안 세상은 느린 속도로 변화해왔고, 현재 어른들은 그런 세상을 살아온 이들이다. 개인용 컴퓨터가 널리 보급된 20여 년 전부터 다양한 신종 직업이 생겨나긴 했지만, 직업군은 대체로 자신들의 부모 세대와 크게 다르지 않았다. 그런 까닭에 이후 자녀가 살아갈 세상도 현재를 기준으로 바라보는 것이다. 책상 앞에 '4당5락'이라고 써 붙여놓고 천근 같은 눈꺼풀과 싸워가며 공부하면, 나중에 출세해서 남부럽지 않게 살 수 있다는 생각이다.

하지만 이제 점진적 변화의 시대는 지나갔다. RFID, 즉 전자태그가 도입되면서 물류와 유통 분야에서 실업자가 속출했던 일은 이미 옛날이야기 격이 되었고, 3D 프린터 산업의 등장으로 대량생산의 시대가 막을 내리고 개인별 맞춤형 생산의 시대로 가고 있다. 드론을 활용한 무인 택배 서비스나 고공 촬영, 험지 탐사도 점차 활발해지고 있으며, 무인 자동차가 상용화되면 운전으로 먹고사는 직업도 갖기 힘들어질 것이다. 2016년의 다보스포럼에서는 제4차 산업혁명을 주요 의제로 다뤘는데, 키워드 중 하나가 인공지능이었다. 포럼에서는 인공지능 때문에 앞으로 5년 내에 500만 개의 일자리가 사라질 거라는 분석도 내놓았다.

가까운 예로, 우리 사회를 크게 휘저어놓은 인간 이

세돌과 인공지능 알파고의 반상 대결을 들 수 있다. 바둑만큼은 인간이 절대적인 우위를 지닌 영역으로 여겨져 왔지만 거기에서도 인공지능이 승리를 거두면서 '인공지능 공포'라는 검색어가 실시간 검색어 상위권을 기록하기도 했다. 오랫동안 최고의 직업으로 일컬어지던 판검사나 의사조차 인공지능에 자리를 빼앗길지 모른다는 우려가 확산되었으며, 몇몇 산업에서는 실제 적용이 진행되고 있다. 심지어 인공지능이 소설까지 쓰는 세상이다. 물론 아직까지는 인간이 스토리 구성과 상황 설정까지는 개입하는 수준이지만, '공상과학'에서 '공상'이 떨어져 나갈 날도 머지않았다. 한마디로 앞으로 10년 후, 20년 후의 세상은 지금 우리가 상상하는 바를 훨씬 넘어서리라는 얘기다.

변화가 이처럼 급격히 일어나고 있는데 자녀들에게 '열심히 공부해서 좋은 직장에 취직하라'는 조언이 유효할까? 지금의 기성세대는 자녀들에게 어떤 직장에 취직하라거나 어떤 직업을 가지라거나 하는 조언을 해줄 수 없다는 점을 인정하는 것이 첫걸음 아닐까? 그냥저

냥 밥은 먹고 사는 수준을 바란다면 모르겠지만, 자녀가 삶에서 더 많은 것을 누리길 원한다면 말이다. 그 점을 인정하고 나면 무조건 공부에 목매는 것이 부질없음을 깨닫게 될 것이다. 오로지 공부에서만 가능성을 찾았던, 공부만 잘하면 다른 것은 웬만큼 부족해도 아무 문제 없던 시절은 지나갔기 때문이다. 변화가 우리에게 가져다주는 다양한 기회를 붙잡을 수 있어야 하며, 그러기 위해 가장 먼저 할 일은 우물 밖으로 나가는 것이다.

나에게 다른 길을 보게 해준 뜻밖의 기회

내 주위의 부자들을 보면 명문학교 출신이 별로 없다. 명문학교를 나올수록 새로운 사회 혹은 변화에 대해 긍정적인 생각을 못 한다. 그동안 공부한 것에 미련이 많기 때문이다. 하지만 내세울 만한 학벌이 없는 사람들은 그런 면에서 아쉬울 게 없다. 이게 바로 이들이 부자가 될 확률이 높은 이유다. 부자가 되려면 남들과 다른 생각을 하고 다른 기회를 포착할 줄 알아야 하기 때문이다.

재미있는 통계가 하나 있다. 미국에서는 불황이 극심했던 1990년대에 많은 이들이 회사에서 해고되었는데, 그들 중 80% 이상이 직장으로 다시 돌아가지 않겠다고 답했다고 한다. 회사에서 나오고 보니 많은 기회가 있다는 것을 깨달은 것이다. 이 글을 쓰는 나도 우연한 기회를 통해 다른 길을 보는 눈을 떴다.

나의 첫 직업은 회계사(CPA)였다. 그것도 많은 이들이 선망하는, 세계에서 가장 큰 규모의 회계법인에서 근무했다. 아주 성실하게 일했고 파트너가 되는 데 유일한 희망을 걸고 커리어를 쌓아갔다. 파트너가 된다는 것은 일반 기업으로 치면 임원급이 된다는 것이다. 그런데 1980년대 말 미국 경제가 어려워지면서 해고에 대한 불안이 생겼다. 직종을 막론하고 '핑크 슬립(pink slip)'이라는 해고 편지를 받는 것에 대한 두려움이 팽배하던 시절이었다. 나는 그 공포를 이기기 위해 새로운 방법을 모색했고, 그 결과 핀드매니서라는 새로운 길을 가게 되었다.

지나고 생각해보니 내가 얼마나 운이 좋았는지를 새삼 느끼게 된다. 펀드매니저가 됨으로써 나는 노동만이 아니라 내가 가진 자본을 통해서도 돈을 버는 방법이 있음을 알게 됐다. 또한 자본주의 사회에서는 자본가가 돈을 벌게 되어 있다는 사실도 배웠다. 만약에 그러한 위기가 없었다면 파트너가 되는 것 말고 무슨 길이 있는지 고민해보지도 않았을지 모른다.

내가 직장을 구하던 당시보다 지금은 청년 실업 문제가 엄청나게 심각해졌다. 우리나라만이 아니라 세계적으로 마찬가지인데, 그 심각성은 갈수록 더할 것이다. 경기가 좋아지더라도 사람을 쓰는 대신 기계화나 자동화로 경비를 절감하려 할 것이기 때문이다. 젊은이들은 취직을 못 하면 인생의 낙오자가 된 듯한 절망감에 빠진다. 특히 우리나라 청년들은 부모로부터 많은 스트레스를 받는다. 그동안 얼마나 힘들게 뒷바라지를 해줬는데 취직도 못 하고 그러고 있느냐고 말이다. 그러나 취직이 안 된 것을 오히려 다행으로 여기는, 역발상을 할 줄 알아야 한다. 떠밀려서 하게 되는 것이기는 하지만, 남보다 일찍 자기 사업을 모색할 가능성이 있기 때문이다. 당장은 대기업에 취직한 사람들이 부러울 수도 있겠지만 나는 오히려 그 사람들이 걱정된다. 우리나라 30대 기업 평균 근속연수가 10년이라 하는데, 10년이 지나면 그들도 자신의 길을 찾아야만 한다. 하지만 오랜 기간 조직에 속해 있다 보면 다른 기회가 있다는 것을 알지 못하고, 그러다 보면 자기 자신을 위해 일할 엄두를 내지 못하게 된다.

진정 부자가 되고 싶다면 월급쟁이가 아니라 자본가가 될 방법을 연구해야 한다. 자본가가 되는 길은 자기의 일을 하는 것이다. 즉 남이 아닌 자기를 위해 일하는 것이다. 자영업자가 되건 회사를 차리건 간에 자기가 주인이 되어야 한다. 확장성이 있기 때문이다. 장사가 잘돼서 돈이 들어오면 비용을 제하고 전부 자기 것이 된다. 월급쟁이는 확장성이 없다. 회사가 아무리 잘돼도 그에 따라 월급이 올라가지는 않는다.

그렇다고 해도 이 책을 읽는 당신에게 지금 당장 자기 일을 하라고 하면 무책임하게 들릴지 모른다. 처한

환경이 그럴 용기를 낼 수 없게 되어 있거나 나이가 많아 다른 길을 찾는 것이 무리가 될 수도 있다. 하지만 적어도 당신의 자녀는 달라야 하지 않을까? 자녀에게 취직만이 능사가 아니라는 것을 가르쳐야 한다. 다양한 기회가 있음을 알려주어야 한다. 혹시 취직을 하게 되더라도 그리고 금융과 무관한 직업을 선택하더라도, 금융에 늘 관심을 두라고 일러주어야 한다.

📈 월급쟁이로 키우는 교육은 이제 그만

우리는 자본주의 사회에 살고 있다. 자본주의에서 부를 쌓는 방법에는 두 가지가 있다. 첫째는 노동을 통한 것이요, 둘째는 자본을 통한 것이다. 지금까지 우리는 '돈을 번다'고 하면 내가 노동을 해서 대가를 받는 방법만 생각해왔다. 하지만 그 시간에 내가 가진 자본에게도 일을 시키면 부자가 되는 시기는 훨씬 앞당겨진다.

기업체 또는 주식을 가진 사람, 다시 말해 나에게 돈

을 벌어다 줄 수단을 소유하고 있는 사람을 자본가라 한다. 그리고 자본주의에서는 자본가만이 부자가 될 수 있다. 아주 특별한 자격증을 가진 사람들을 제외하고 그 외의 방법으로 부자가 된 사람은 무척 드물다. 특히 월급을 주된 수입으로 하는 사람들 중에는 부자가 거의 없다. 아니, 대부분 가난한 축에 속한다. 나이를 먹을수록 돈 나갈 데는 늘어나고, 월급이 오르는 속도보다 물가가 오르는 속도가 더 빠르기 때문이다. 한국뿐만 아니라 내가 35년간 살았던 미국도 마찬가지다.

그런데도 한국의 엄마들은 자녀를 월급쟁이로 기르는 데 여념이 없다. 공부 잘해서 좋은 대학에 들어가는 게 첫 번째고, 졸업하고 나면 공무원이 되거나 대기업에 입사하길 바란다. 만약 그게 안 된다면 중소기업이라도 들어가는 게 차선이라고 여기며, 자기 사업을 하는 것은 위험하다고 극구 말린다. 안타까운 것은, 엄마들이 생각하는 이런 우선순위는 현재의 경제 환경에서 성공할 확률과는 정확하게 반대라는 사실이다. 공부를 잘하는 것은 돈을 많이 버는 것괴 하등 관련이 없다. 학벌이 좋은 것도, 좋은 회사에 취직하여 유능한 사원이 되는 것도 부자가 되는 것과 관련이 없다. 따라서 지금의 교육 방식을 바꾸지 않는다면, 당신의 아이는 웬만해선 성공할 수 없을 것이다.

물론 부자가 되려면 명문대에 가선 안 된다는 얘기가 아니다. 하지만 명문대에서 대기업으로 이어지는 코스가 성공을 보장하는 것처럼 가르치지 말라는 것이다. 아이를 평범한 월급쟁이로 기르는 교육에 반대하고, 창의성 있는 부자로 만드는 교육에 힘써야 한다. 당신의 자녀가 당신이 받았던 것과 별반 다르지 않은 교육을 받는다면, 급변하는 사회 속에서 도태되고 결국은 가난한 삶을 살게 될 것이다. 앞으로의 세상에서 성공은 누가 더 새로운 생각을 할 수 있고, 그 생각을 과단성 있게 실천하고 변화에 유연하게 대처하는가에 달려 있다. 세상의 속도를 따라가지 못하는 오래된 믿음을 고집하면서 자녀를 착한 월급쟁이로 키울 것인가, 교과서 밖의 경험을 쌓아 자본주의 체제에서 가장 효율적인 방식으로 부자가 되게 할 것인가를 선택해야 한다.

돈에 대해
가르쳐라

현재는 은퇴하신 공무원 한 분을 만난 적이 있다. 그분은 행정고시에 막 합격했을 때 발령을 받기까지 시간이 비어 학원에서 강의를 했다고 한다. 지금 가진 유일한 재산이 아파트 한 채인데 그때 반년 동안 강의해서 번 돈으로 산 거라 한다. 그 후 공무원이 되어 평생을 일했지만 재산을 모으지 못했다는 얘기다. 당시 강사로 인기가 높았기에 학원에서 그를 붙들어두려고 했다는데, 결국 뿌리치고 공무원 발령을 받았다. 그분은 왜 그때 학원에 남을 생각을 못 했을까. 그랬다면 지금쯤 엄청난 부자가 되어 있지 않을까?

그분의 얘길 듣고 나는 이런 생각도 해봤다. 만약 그분이 당시 공무원이 되지 않고 학원 강사의 길을 택했다면 어떤 일이 일어났을까 하고 말이다. 아마도 부모님의 강한 반대에 부닥쳤을 것이다. 어쩌면 어머님은 머리 싸매고 드러누웠을지도 모른다. 그 어려운 고시를 통과했는데 겨우 학원 강사 하겠다는 거냐고.

이상하게도 한국의 부모들은 돈을 멀리하라고 가르친다. 돈 많은 놀부는 미워하고 자식 굶기는 흥부는 미화한다. 돈 이야기를 하는 것은 왠지 격이 떨어진다고 생각하는 경향이 강하다. 자본주의 사회에 살면서 자본주의를 외면하라고 가르치는 것이다. 공부만 잘하면 돈은 자연스럽게 따라온다고 믿는 것은 아닐까? 공부를 열심히 해서 좋은 직장에 취직하면 성공이 보장된다는 안일한 생각을 하는 것은 아닐까?

그런데 부자는 되고 싶지만 돈은 천하게 여긴다면, 이게 앞뒤가 맞는 말인가? 우리는 좀더 솔직해질 필요가 있다. 세상을 살아가는 데 돈이 전부인 것은 아니지만, 돈이 많으면 할 수 있는 일도 많아진다. 내 삶의 질을 높일 수 있고, 함께 살아가는 공동체에 기여함으로써 세상을 더 낫게 만들 수 있다.

공부 잘하는 사람 vs. 부자

메리츠자산운용 대표이사로 취임한 지 얼마 후, 어느 여고에서 학생들에게 강연을 해달라는 의뢰가 왔다. 그러겠노라 선뜻 답했지만, 막상 무슨 말을 해줄까 고민이되었다. 강연 당일이 되어 학교에 가니 선생님들이 나한테 미리 귀띔을 해주었다. 대다수 아이가 전날 과외수업때문에 지쳐서 잘 것이고 질문을 많이 하지 않을 것이니, 그렇더라도 마음에 두지 말라는 것이었다.

안 그래도 고민이던 나는 그 얘길 듣고 마음이 무거워졌다. 이런 비정상적인 교육 시스템은 아이들의 경쟁력을 후퇴시키고 창의적인 생각을 접게 하는 동시에 한국의 미래 경쟁력을 심하게 훼손시킨다. 한국의 부모들은 자식들을 지극히 한국에만 국한해서 기르려고 한다. 좁은 학교에서 1등을 해봐야 무엇하나? 글로벌 리더가 되어 세계의 아이들과 경쟁해야 하는데 고작 바로 옆의 친구들과 점수 경쟁을 하게 하는 건 너무 근시안적이지 않은가? 높은 수능 점수는 아이가 훗날 사회생활을 해나가는 데 아무런 역할도 하지 못한다. 특히 돈을 버는 것과는 반비례한다. 부모들이 친구 만나 자랑할 거리로나 삼으면 모를까. 나는 이런 생각을 학생들과 허심탄회하게 주고받아야겠다고 마음먹었다.

선생님의 안내를 받아 교실에 들어섰는데, 귀띔을 받은 그대로 여고생들다운 생기발랄함이 전혀 느껴지지 않았다. 한창 다양한 경험을 하고 재미있는 일들을 접해야 할 나이인데 과외수업 받느라 시달리고, 정작 학교에 와서는 잠을 잔다는 사실에 마음이 아팠다.

나는 대뜸 질문 하나를 던졌다.

"여러분은 공부 잘하는 사람이 되고 싶은가요, 아니면 부자가 되고 싶은가요?"

여기저기서 부자가 되고 싶다는 대답이 나왔다. 이것이 아이들의 솔직한 생각이다. 물론 솔직하지 못한 어른들의 진짜 속내이기도 하다. 이처럼 부자가 되는 데 관심이 있지만, 그걸 주제로 놓고 토론하는 자리는 별로 없다. 특히 학생들에게는 이런 자리가 전혀 없다고 봐도 무방하다.

아무튼, 다소 뜻밖의 질문이었던지 좀전까지는 시큰둥하던 학생들조차 내게로 시선을 집중했다. 나는 학생들에게 주위에서 볼 수 있는 부자들이 어떤 사람들인지 생각해보라고 말했다. 대부분 공부만 했던 사람들이 아니라고, 그러니 부자가 되는 것과 성적은 크게 상관이 없다고. 공부하는 게 즐겁다면 열심히 할 일이지만 힘들고 어렵기만 하다면 공부 외에 관심 가고 재미나는 일들을 하라고, 성적이 조금 뒤떨어지더라도 나중에 전혀 문제가 되지 않는다고 말해주었다.

아이들은 내 말이 농담인지 진담인지 잘 모르겠다는 표정이었다. 그도 그럴 것이 공부 안 해도 된다는 어른을 아마도 처음 봤을 것이기 때문이다. 한참을 헷갈려

하던 아이들은 일단 좀 들어보자고 작정한 듯 귀를 바짝 기울였다.

"여러분 중에는 학교 수업이 끝나고도 학원이나 개인 과외로 또 몇 시간씩 공부하는 사람이 많다고 들었습니다. 내 말이 맞나요?"

거의 대부분이 그렇다고 답했고, 몇몇은 "정말 가기 싫어요"라고 덧붙이기도 했다. 나는 사교육비만큼 돈을 내다 버리는 것도 없다는 게 내 지론이라고 밝히고, 오늘 집에 가거든 부모님께 그 돈으로 주식을 사달라고 말씀드리라 했다. 사실 주식투자는 교육적 효과도 높다. 주식을 통해 세계 각국 사람들의 철학을 배울 수 있기 때문이다. 미국이나 중국에 대해 알려면 책으로 배우는 것보다 그 나라 주식을 사는 것이 훨씬 더 효과적이다. 주식 가격에 정치, 경제, 문화가 반영되기 때문에 투자할 기업을 찾느라 조사를 하다 보면 그 나라에 대해 저절로 공부가 된다. 그뿐인가. 이 학생들이 사회에 진출할 때쯤 되면 투자 효과가 나타나 큰돈이 되어 있을 것이다. 그러면 그 돈으로 창업하는 방법도 생각해볼 수 있기에 진로에 대한 선택의 폭도 훨씬 더 넓어진다.

아이들의 반응이 엄청났다. 이 얘기를 엄마나 아빠가 꼭 들어야 한다고 말하기도 했다. 졸거나 딴짓을 하는 아이는 한 명도 없었고, 앞다퉈 질문을 하느라 한 시간이 짧았다. 비록 시간의 부족은 있었지만 우리는 공부와 돈, 부자에 대한 이야기를 실컷 나누었다. 나는 아이들의 초롱초롱한 눈망울에 무척 감격했고 그 속에서 한국의 희망을 보았다.

경제적 독립의 중요성을 깨우친 경험

20대 시절에 나는 돈과 관련하여 중요한 경험을 했다. 연세대학교를 중퇴하고 미국으로 갔을 때의 일이다. 큰누나가 상당한 부자였는데 풀장과 테니스장이 있는, 영화에서나 볼 법한 집에서 살고 있었다. 그랬기에 내가 미국에 가면 누나가 당연히 등록금을 내줄 줄로 알았다.

나는 누나를 찾아가서 대학 입학 합격 증서를 내밀었

다. 그런데 누나의 반응이 충격적이었다.

"이걸 왜 나한테 주니?"

한국에서 막 건너온 나의 사고방식과 미국에서 오래 산 누나의 사고방식은 완전히 달랐다. 동생이 미국에 처음 온다는 점을 생각해서 비행기표 값을 대줬는데, 그것만 해도 누나로서는 큰 생색을 낼 만한 일이었던 것이다.

나는 그 일로 크게 깨달았다. 미국 시스템에서 형제가 부자인 것, 부모가 부자인 것은 나하고 상관이 없는 일이다. 한국에서는 부모님이 병들면 자식이 금전적인 책임을 지지만, 미국에서는 전혀 그렇지 않다. 부모와 자식은 어떤 시기를 지나면서부터는 금전적으로 독립된 관계가 되며, 그 점을 어렸을 때부터 가르친다. 나는 그것을 대학생이 되고 미국에 가서야 깨달았다. 처음에는 섭섭했지만 이내 깊이 감사하게 됐다. 그런 가르침을 준 누나가 없었다면 경제적 독립이라는 문제를 그렇게 일찍 마음에 새기지 못했을 것이다.

미국의 아이들은 어릴 때부터 경제적 경험을 하면서

자란다. 일테면 구두를 닦거나 이웃의 아기를 돌봐주고 용돈을 번다. 이런 경험은 경제가 머릿속에서 추상으로 머물지 않고 실제 현실에서 내가 부대끼는 문제라는 점을 일깨워준다. 축구를 하면서 공 다루는 기술을 익혀가듯, 현실에서 경제를 다루며 경제적 창의성을 키워가는 것이다. 유대인들은 부자가 많기로도, 또 자식들에게 경제 교육을 엄하게 하기로도 유명하다. 우리나라로 치면 《명심보감》쯤 되는 오래된 잠언 모음집 《탈무드》에도 돈과 관련된 이야기가 많이 나온다.

내가 살던 동네에도 유대인 부자가 한 명 있었다. 나는 그 사람을 보면서 유대인들이 '아이에게 물고기를 잡아주지 말고 물고기 잡는 법을 가르쳐라' 라는 잠언을 어떻게 실천하는지 알 수 있었다. 그 부잣집에는 아주 어린 아들이 있었는데, 아이는 너무나 갖고 싶은 장난감이 있어서 어느 날부턴가 열심히 돈을 모았다. 용돈을 모으고 모아 원하던 장난감을 살 정도가 되었을 때 엄마와 함께 가게에 갔다. 그런데 아이는 물건을 사지 못하고 빈손으로 돌아서야 했다. 이유가 뭐였을까? 바로 세금 때문이었다. 물건에 붙는 세금을 미처 계산하지 못했던 것이다. 엄마가 옆에 있기는 했지만, 세금을 대신 내주진 않았다. 아이는 결국 세금만큼의 돈을 더 모은 후에 다시 가서 장난감을 샀다.

그 아이는 이 경험을 통해 세금의 개념을 완벽히 체득했을 것이다. 장난감을 사겠다고 돈을 모으는 아이도 기특하지만, 그보다도 경제적 깨달음을 주기 위해 아이가 원하는 것을 대신 이뤄주지 않는 엄마는 또 얼마나 현명한가.

자녀가 어릴 때부터 돈에 대해 제대로 가르칠 필요가 있다. 우리 부모들은 자식이 사달라는 것, 해달라는 것은 어떻게 해서든지 들어주려고 한다. 자식이 돈 문제로 움츠러들지 않기를 바라는 마음에서다. 부모로서 양육 책임을 다하고자 하는 건 가상한 일이지만, 그 도가 지나치면 오히려 해가 된다. 자식 스스로도 경제적인 경험을 쌓고 거기에서 배울 수 있도록 기회를 주어야 한다. 말만 하면 뭐든지 되는 환경에서 자란 아이는 돈이 얼마나 중요한지를 알지 못한 채 어른이 된다. 경제적 창의성이 전무한, 시키는 일만 잘하는 사람이 되는 것이다. 그러다 보면 결국에는 뒤처지고 도태되게 되어 있다. 경제적 창의성은 단순히 경제 교과서를 읽는다고 얻어지는 게 아니다. 하다못해 지금은 안 쓰는 장난감을 동네 바자회에 들고 나가 판매하는 경험이라도 해봐야 길러진다.

돈에 대해 얘기하는 것을 창피하거나 품위 없는 일로 여기면 안 된다. 당신의 아이가 잡아주는 물고기만 먹는 수동적인 인간이 되길 바라는가, 아니면 스스로 물고기를 잡을 줄 아는 능동적인 인간이 되길 바라는가? 둘 중 어느 쪽이 성공할 확률이 더 높겠는가? 답은 자명하다.

부자 DNA를
심어라

어떤 일을 이루고 싶을 때 가장 쉬운 방법은 그 일을 이미 이룬 사람을 찾아 배우는 것이다. 부자가 되는 것도 마찬가지다. 자녀를 부자로 키우고 싶다면, 실제 부자인 사람들을 찾아서 그들이 어떻게 부자가 됐는지를 연구하고 배우게 해야 한다. 우리나라에도 세계적인 부자가 많다. 포브스가 집계한 2015년 세계 부자 순위 중 1,000위 안에 든 한국인이 열세 명이나 된다.

그런데 우리 사회에서는 부자가 되고 싶다는 마음 한

편으로, 부자들을 부정적으로 보는 시각도 존재한다. 그런 시각이 순전히 시기나 질투 때문만은 아닌 것이, 올바르지 않은 방법으로 부를 축적한 이들도 솔직히 많기 때문이다. 자신의 노력이 아니라 상속에 의해 부자가 된 이들이 많다는 것도 또 다른 이유다. 사실상 현재 우리나라 최고 부자들은 창업자의 2세나 3세로, 할아버지가 부자였기에 아버지가 부자가 됐고, 아버지가 부자이기에 아들도 부자가 된 경우가 많다. 이런 부의 대물림은 '금수저, 흙수저' 논쟁을 불러일으킬 만큼 사회적으로 부정적인 영향을 미치고 있다. 부자가 되고 싶기는 한데 본받고 싶은 롤모델이 없다는 것은 참 안타까운 일이다.

이에 비해 미국에서는 큰 부자일수록 큰 존경을 받는다. 사람들도 부자에 대해 얘기하길 좋아한다. 그 사람이 부자가 되기 위해서 들였던 노력과 그 과정에서 겪은 시행착오, 세상을 좀더 편리하고 살기 좋게 만들었던 아이디어 등에 귀를 기울인다. 그리고 그렇게 벌어들인 돈이 어디에 쓰이는지에 대해서도 관심이 지대하다. 부를 사회에 환원하는 사람이 낳고 재단을 설립하여 지구촌

곳곳의 가난한 사람들을 돕거나 의학·과학 분야를 지원하는 부자도 많다. 미국 대학교들의 도서관을 보면 대부분이 사람 이름이고, 그것도 유대인 이름이 많다. 평생 열심히 부를 쌓은 유대인이 세상을 떠나면서 후대를 위해 유산을 남긴 것이다. 유대인들은 자식들에게 부자가 되라고 가르치는 한편, 돈을 잘 쓰라는 가르침도 빼놓지 않는다.

또 가까운 예로, 지난 3월에는 뉴욕의 상위 1% 부자들이 자신들의 세금을 더 올려달라고 주 의회에 청원했다는 뉴스도 보도되었다. 남들에게 좋은 평판을 얻기 위해 그냥 한번 해보는 소리가 아니라, 소득세율이 개정되어야 하는 시점에 맞춰 시의적절하게 제시한 것이다. 이들 청원단은 부자로서 많은 것을 누리고 있음에 감사하고, 그 혜택에 대한 책임을 다하기 위해 세금을 더 내겠다고 말했다 한다.

이처럼 미국의 '부자'라는 말에는 부자에게 기대되는 성품과 철학이 모두 포함되어 있다. 결과적으로 부자의 정의가 단순히 '돈이 많은 사람'에서 끝나지 않는 것이다. 내가 이야기하는 부 역시 그러하다. 누가 뭐래도 이유가 있는 부, 정확한 전략과 철학 그리고 함께 살아가는 공동체를 배려할 줄 아는 부를 공부하라고 말하고 싶은 것이다.

후천적으로 계발할 수 있는 부자 DNA

그럼, 한국에는 벤치마킹할 만한 부자가 정말 없는가? 그렇지 않다. 내 주변만 해도 좋은 철학과 아이디어로 부자가 된 사례가 얼마나 많은지 모른다.

한번은 우리와 경쟁하는 업체의 대표를 만났다. 젊고, 나이에 비해 큰 성공을 이룬 사람이다. 나는 그와 얘기를 나누다 놀라운 사실을 발견했다. 그가 말하길, 자기는 어릴 때부터 왜 친구 아빠는 부자인데 우리 아빠는 가난할까 궁금했다고 한다. 그리고 얻은 결론은 이거였다. 친구 아버지에게는 생산수단이 있고, 자신의 아버지에겐 없다는 것. 말하자면 친구의 아버지는 상품을 만들어내는 공장과 그 기계를 소유한 사람이고, 자신의 아버지는 그 밑에서 일하는 사람이었던 것이다. 그래서 그는 처음부터 직장에 들어갈 생각을 하지 않았다고 한다. 대신 생산수단을 소유할 수 있는 사람이 되기로 마음먹었다. 생산수단을 소유하는 방법은 앞서 말했듯 두 가지가 있다. 하나는 자기 사업을 하는 것으로, 이것은 직접적 자본가가 되는 일이다. 남은 하나는 이미 존재하는 기업의 주식을 사는 것으로, 간접적 자본가가 되는 일이다. 그는 후자를 택했다. 자본에게 일을 시키는 데 탁월한 재능이 있었기 때문이다.

나는 어린 친구가 어떻게 혼자 힘으로 그런 깨달음을 얻었는지 무척 궁금했다. 대부분 사람이 명문대에서 대기업으로 이어지는 코스만을 생각하는 한국에서 월급쟁이는 되지 않겠다는 생각을 한 것 자체가 이례적이었다. 나는 그가 자신의 부자 DNA를 계발한 사람이라고 생각한다. 머리카락이나 눈동자 색깔, 얼굴 크기를 결정하는 DNA는 타고나는 것이지만, 부자 DNA는 다양한 경험을 통해 후천적으로 기를 수 있다. 그는 부자 DNA를 스스로 계발함으로써 자본주의 사회에서 부자가 되는 지름길을 알아낸 것이다.

내가 만난 미국의 교포들 가운데서도 아주 큰 부자가 된 사람들을 보면 의사나 변호사가 없다. 오히려 가정형편 때문에 좋은 교육을 받지 못한 사람들 중에 부자가 많다. 아니면 회사에서 해고되어 경제적인 절박함을 느껴봤던 사람들이다. 뭐라도 자기 것을 해야만 했던 사람들, 부자 DNA를 갖춰야만 살아남을 수 있었던 이들이 크게 성공했다.

부자가 되는 가장 빠른 길

우리 젊은이들에게야말로 부자 DNA가 절실하다. 나는 청년들을 만나면 취직을 고집하지 말라고 말한다. 가능하면 창업을 하라고 한다. 아이디어가 생기거든 다니던 회사를 그만두라고 권유한다. 부모들이 내 얘길 들으면 무책임한 발언이라고 항의할시도 모른다. 안정적인 삶을 살게 하고 싶어서 애써 취직시켜놨더니 퇴직을 부추기느냐고, 자본금은 어디서 날 거며 망하면 책임질 거냐고 몰아세울 수도 있다. 하지만 나처럼 생각하는 것이 자본주의 사회에서는 더 상식적인 결론이다.

사업에는 망할 수 있다는 위험이 언제나 존재한다. 하지만 사람들은 그 위험을 지나치게 과장해서 생각한다. 취업한다고 해서 위험이 없을까? 취업을 하는 것은 남을 위해 일하는 것이다. 남에게 잘 보여야 해고되지 않는다. 평생 해고되지 않으려고 들이는 노력을 자기를 위해 사용한다면, 창업은 생각보다 위험한 일이 아니다. 자기 자신을 위해 일해야 한다는 걸 배워야 한다. 설령 취직을 한다 하더라도 항상 창업을 염두에 두어야 한다. 우리는 엄연히 자본주의 사회에서 살고 있기 때문이다. 누차 강조했듯이 그리고 부자 순위가 실제로 보여주듯이, 생산수단을 소유하는 것이 부자가 되는 가장 빠른 길이다.

그러나 현실적으로 모든 사람이 창업을 할 수는 없다. 강요한다고 될 일도 아니고 모든 사람의 능력이 같을 수도 없기 때문이다. 마음에 드는 분야에서 직장인으로 일하는 것이 만족스러운 사람도 있을 것이고, 사업 아이디어라곤 하나도 없는 사람도 있을 것이다. 그렇다면 창업을 하지 않고 자본가가 되는 길은 없을까? 간접적 자본가가 되면 된다. 즉, 주식을 사는 것이다.

주식에 투자하면 내가 가진 지분만큼 해당 기업주와 동업자 입장에 서게 된다. 예를 들어 내가 삼성이나 애플의 주식을 샀다면 그 기업 임직원이 나를 위해서도 일을 하는 셈이 된다. 내가 실제로 그 기업에서 근무하는 것은 아니지만 기업이 거두는 성과를 나눠 가질 수 있다. 이제 월급쟁이라 해도 부자가 될 희망이 보이지 않는가? 회사를 굳이 그만두지 않아도 자본가가 될 수 있다는 사실에 가슴이 뛰지 않는가?

굳이 성년이 될 때까지 기다릴 필요도 없다. 주식투자는 어렸을 때부터 할수록 부자가 될 확률이 높아진다. 더욱이 부동산과 달리 주식은 적은 금액으로도 투자를 시작할 수 있다. 부모님이 주신 용돈을 아껴 쓰는 정도로도 가능하다는 것이 주식투자의 장점이다. 자본주의 사회의 이 비밀과 같은 원리는 학교에서 하는 어떤 교육보다 중요하다.

엄마들도 여기에 힘을 보태야 한다. 어렸을 때부터 주식을 사주고 함께 이야기할 기회를 만듦으로써 아이에게 자연스럽게 부자 DNA를 심어라. 육체적인 일만 열심히 한다고 부자가 될 수 있는 건 아니다. 자본이 자본을 부르는 원리를 이해해야만 부자가 될 수 있다. 쉽게 풀이하면, 돈이 돈을 버는 원리를 깨달아야 한다는 뜻이다.

자식 뒷바라지보다
노후 준비를 먼저 하라

열심히 일한 당신이
부자가 아닌 **이유**

한국에 와서 나는 신기함을 많이 느꼈다. 많은 이들이 가난해지려고 노력하는 것 같아서다. 남들에게 부자로 보이기 위해서 가난해지는 사람들이 너무나 많았다. 비싼 가방을 메고 비싼 옷을 입고 나서면 부자처럼 보일지는 모르겠지만, 부자가 되는 길과는 점점 더 멀어진다. 자신의 부를 파괴하는 일이기 때문이다.

부자처럼 보이고 싶어서 가난해지는 사람들

특히 타고 다니는 차를 보면 그런 허세가 정말 두드러진다. 한국에 온 지 2년이 지났지만 나는 지금도 차가 없다. 물론 돈이 없어서가 아니다. 필요하다면 샀겠지만 불편함이 없어서 사지 않았다. 꼭 필요하지도 않은데 구태여 나의 부를 파괴하고 싶지 않았기 때문이다. 미국과 달리 한국, 특히 서울은 대중교통이 아주 잘 발달되어 있어서 자가용이 필요치 않다. 스마트폰 몇 번만 터치하면 지하철이나 버스노선을 쉽게 알 수 있고, 정류장에는 도착시각을 알려주는 전광판까지 설치돼 있다. 대중교통 환경이 정말 잘 갖춰져 있다. 그런데 차를 사면, 그 순간 자신의 부가 급격히 하락한다. 차를 인도받자마자 감가상각이 시작되어 중고차가 될 뿐 아니라, 세금부터 시작해서 기름값, 보험료 등 만만치 않은 비용이 계속해서 발생한다. 곰곰이 생각해보면 차가 있어서 돈을 더 쓰게 되는 경우도 얼마나 많은가.

워런 버핏은 세계 최고의 부자인데도 구식 모델의 차를 타고 다니는 것으로 유명하다. 혹자는 최고의 부자씩이나 되면서 고물차를 타는 그의 삶이 궁색하다 할지도 모른다. 그러나 바로 그 차이 때문에 버핏은 부유하고 다른 많은 사람은 가난한 것이다. 그에게는 비싼 차를 타고 다니며 과시하는 것이 삶의 우선순위가 아니다. 부를 창조하는 사람의 생활방식과 부를 파괴하기만 하는 사람의 생활방식에 근본적인 차이가 있는 것이다. 비싼 차를 사나 싼 차를 사나 한 곳에서 다른 곳으로 이동하는 목적을 달성하는 건 똑같으니, 굳이 돈을 많이 쓸 이유가 없다. 게다가 요즘엔 기술이 하도 좋아서 아무리 저렴한 차라 해도 필요한 기능이 차고 넘친다. 그런데도 굳이 비싼 차를 구입하는 행위에는 남에게 부자로 보이고자 하는 심리가 깔려 있다.

불필요한 지출 습관은 백화점 쇼핑 차량에서도 볼 수 있다. 유명 백화점 앞에는 온종일 쇼핑객들의 차량 행렬이 끝도 없이 이어진다. 주차장이 만원이면 밖에서 한 시간 이상을 기다린다. 들어가는 데 한 시간, 쇼핑하는

데 한 시간, 다시 나오는 데 한 시간이 걸리는데도 기어이 차를 끌고 온다. 한국은 배달의 천국이다. 쇼핑한 물건들을 집까지 배달해주는 서비스를 백화점마다 하고 있다. 그리고 대부분 백화점 바로 앞에 지하철역이 있고 말이다. 가볍게 몸만 가면 교통체증에 시달리지 않아도 되고 그만큼 시간을 벌 수 있으니 여러모로 이익인데도, 꼭 차를 몰고 가야 하는 것으로 알고들 있다.

부의 창조자 vs. 부의 파괴자

내가 우려하는 것은 젊은이들조차 그런 생활방식에 젖어 있다는 것이다. 비싼 커피값을 아무런 거리낌 없이 지불하고, 비싼 화장품에 명품가방과 외제차를 사고 나서는 할부금에 허덕인다. 식당에서 여럿이 밥을 먹고 나면 서로 내가 내겠다고 허세를 부린다. 5만 원, 10만 원쯤은 별거 아니라고 쉽게쉽게 써버린다. 자신은 부자가 될 수 없다고 단정해버린 채, 이왕 부자가 못 될 바에야

젊을 때 실컷 쓰고 즐기자고 생각하는 젊은층이 많다고 한다.

그런 얘기를 들으면 너무나 안타깝다. 절대 그렇지 않기 때문이다. 습관적인 낭비만 없애도 부자가 될 수 있다. 그렇게 아낀 돈을 투자금으로 활용하면 된다. 예를 들어 하루 커피값 1만 원을 20년 동안 삼성전자에 투자했다고 가정할 때 10억 원 정도로 불어났을 거라는 계산이 나온다. 고작 커피값을 아낀 결과가 이렇게나 크다면, 그 외 불필요한 지출을 투자로 바꿨을 때 얼마나 큰 금액이 되겠는가. 실제로, 버핏이 운영하는 버크셔 해서웨이라는 회사에 50년 전 100만 원을 투자했다면 지금 약 180억 원이 되어 있을 거라 한다. 불필요한 지출을 줄이는 데서 더 나아가, 수입의 일정 부분은 반드시 부를 축적하는 데 써야 한다는 얘기다. 옆 사람이 커피를 마시거든 그 커피를 만드는 회사의 주식을 사라. 지금은 당신이 그를 부러워할지 몰라도, 은퇴할 나이쯤 되면 그 사람이 당신을 부러워하게 될 것이다.

세상에는 두 부류의 사람이 있다. 부를 창조하는 사

람과 부를 파괴하는 사람이다. 필요 없는 지출을 줄이고, 열심히 일해서 번 돈으로 투자를 하는 사람들은 전자에 속한다. 반대로 본인의 수입보다 과도하게 지출하는 사람들은 후자에 속한다. 추가 설명이 필요 없을 정도로 당연한 말이다. 그리고 이것은 노후의 삶과 직결된다. 전자는 노후 준비가 완벽하여 황혼을 여유롭게 누릴 수 있고, 후자는 돈벌이를 할 수 없게 되면 근근이 목숨만 이어가며 비참한 삶을 살게 될 것이다. '노후'라고 하면 먼 훗날의 일로나 여겨지겠지만, 멀든 가깝든 반드시 닥친다는 사실은 분명하다. 당신은 부의 창조자가 되고 싶은가, 아니면 부의 파괴자가 되고 싶은가.

늘어난 **평균수명,**
휘청이는 **인생 후반**

'나는 몇 살까지 살게 될까?'

누구라도 한 번쯤은 가져봤을 법한 궁금증이다. 이 책을 읽는 당신이 여성이라면 87살, 남성이라면 82살까지 살 거라고 기대할 수 있다. 물론 이는 평균치이므로 개인에 따라 차이가 날 수 있고, 기대수명은 꾸준히 늘어나기에 해마다 조금씩 달라질 것이다. 이 수치는 통계청이 2015년에 내놓은 자료에 근거한 것이다. 자료에 의하면 한국인의 평균수명은 1970년 62세에서 2015년 84

세로 45년간 22년 정도가 늘어났다. 2년에 1년씩 늘어나는 셈이니 100세 시대도 머지않은 듯하다.

한국 노년층의 현주소 '불명예 3관왕'

요새는 동네 노인정에 가도 60대면 막내 취급을 받아 잔심부름을 도맡아 해야 한다는 얘기가 있다. 장수는 예부터 오복 중에서도 으뜸으로 여겨져 왔으니 수명이 늘어난다는 것은 좋은 소식이다.

그런데 내가 만나본 어르신들 중에는 꼭 그렇지만은 않다는 분들도 있었다. 먹고사는 데 문제가 없고 몸도 건강해야 100세 인생도 반길 일이지, 안 그러면 사는 게 지옥일 수도 있다고 하신다.

옳은 지적이다. 몇 살까지 사느냐 하는 것을 단순히 장수하느냐 아니냐의 관점에서만 봐선 안 된다. 인생의 설계 자체가 달라져야 한다. 예전에는 60~65세쯤 은퇴하여 생업 전선에서 물러나면, 손주들 재롱을 즐기며 자식들에게 부양받다 생을 마치는 게 일반적인 사이클이었다. 당시 평균수명은 70~75세로, 은퇴 후 10년가량의 여생이 있었다. 그런데 2010년대 중반을 넘어선 지금은 그때보다 최소 두 배는 길어진 은퇴 후 삶을 준비해두어야 한다. 노후설계 전문가들은 40년을 준비해야 한다고도 말한다.

그런데도 많은 이들이 노후 준비에 관심이 크지 않다. 어떻게든 되겠지 하는 생각을 가지고 있는 듯하다. 옛날 부모 세대 보면 노후 준비니 뭐니 따로 하지 않았어도 큰 문제 없이 살다 가시지 않았는가 하면서 말이다. 하지만 이런 안일한 생각이 오늘날 노년층의 빈곤에 절대적으로 기여(?)했다고 생각한다.

우리나라 노년층의 삶은 '빈곤율 1위', '경제활동인구 1위', '자살률 1위'로 특징지을 수 있다. OECD(경제협력개발기구) 회원국 중에서 좋지 않은 것은 모두 1위를 차지한 형국이다. 이 세 가지는 서로 깊이 연관되어 있다. 빈곤하기 때문에 경제활동에 나서야 하고, 일을 하는데도 생계를 해결하지 못하기 때문에 자살률이 높

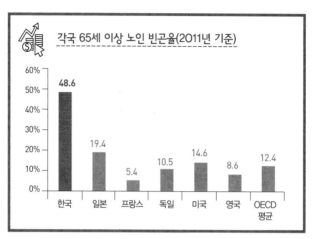

각국 65세 이상 노인 빈곤율(2011년 기준)

출처: 기획재정부 · OECD, 2015년 한국노동연구원 〈노동리뷰(2015)〉

아지는 것이다. 더군다나 세계적인 저성장 기조로 일
자리가 줄어 청년 세대들과 일자리 다툼을 벌여야 하
는 상황이기도 하다. 그래서 경쟁력이 떨어지는 노년
층은 경비나 환경미화원 같은 고된 직종에 내몰릴 수
밖에 없다.

노후 빈곤의 가장 큰 이유, 사교육

65세 이상 노년층이라면 1950년대 이전에 태어나 사실상 한국의 산업을 일군 주역들이다. 그만큼 열심히 일했고 돈도 많이 벌었던 세대다. 하지만 이 세대는 은퇴하고도 11년 이상을 더 일해야 먹고살 수 있다고 한다. 세계에서 일을 가장 많이, 열심히 하는 근면한 나라 한국에서 이런 현상이 벌어지다니 믿기지가 않을 정도다. 나라는 놀라우리만치 빠른 경제 성장으로 선진국 대열에 올랐는데 어째서 국민 개개인의 삶은 어려운 걸까?

내가 만난 한 연세 지긋하신 분은 지하철 실버택배일을 한다고 했다. 한 달 100만 원 벌기도 빠듯하지만 전철을 무료로 탈 수 있기 때문에 밑천 없이, 들어가는 비용 없이 할 수 있는 일이라고 설명했다. 젊어서는 제법 규모 있는 회사에 다니면서 월급 꼬박꼬박 받아 두 아들 키우며 평온하게 생활했다고 한다. 그런데 한창나이인 40대 후반에 IMF를 맞이했고, 구조조정 대상이 되어 순식간에 일자리를 잃었다. 그동안 회사생활만 해온 터라 자기 사업은 엄두가 나지 않아서, 처음에는 재취업을 위해 고군분투했다. 하지만 비슷한 처지의 사람들이 수도 없이 많았고, 자신에게는 내세울 만한 강점이 없었다. 결국 퇴직금을 자본 삼아 치킨집을 차렸다. 전국에 치킨집이 넘쳐나던 시절이었다. 여기까지만 듣고도 짐작이 가겠지만, 퇴직금을 다 쏟아붓고 빚까지 떠안은 채 2년 못 가 문을 닫았다. 이후 공사장 일용직, 회사 경비원 등의 일을 하다 실버택배 일을 시작했고, 지금은 연금도 조금 나오기 때문에 어찌어찌 생계를 꾸려가고 있다.

노인분들 세대에서 그리 드물지 않은 인생 스토리다. 그런데 내가 한 가지 이상하게 여기는 지점이 있다. 그분이 "그런 와중에도 자식들 교육은 남들 하는 만큼은 했다"며 뿌듯해하시더라는 점이다. 부부가 어렵게 일해 돈을 벌면서도 아들들 과외는 끊지 않고 꼭 시켰다는 것이다. 가사 도우미로 일하는 어떤 분도 자신이 일을 하는 이유가 노후를 준비하기 위함이 아니라 아이들 과외비를 벌기 위함이라고 했다. 그 말을 듣고 너무나 안타깝다고 느꼈다. 혹시 자녀들이 부모의 노후를 책임져줄 것이라고 착각하는 것이 아닐까?

그분들만 그런 얘길 한 게 아니다. 주변에서도 흔히 들을 수 있다. "나는 못 먹고 못 입어도 자식만은"이라는 얘기 말이다. 물론 그것은 서양인들도 부러워하는 동양인다운 정서이고, 특히 우리 부모님들의 진정한 마음이다. 나 역시 그런 헌신 속에서 자랐고 항상 고마움을 느끼고 있다. 그렇지만 내가 이상하게 여기는 것은 자식을 사랑하는 마음을 넘어 자식의 인생까지 부모가 책임져야 한다고 생각하는 것이다. 때로는 그게 또 도를 넘어 자식을 또 하나의 자기 자신으로 보고 일거수일투족을 조종하려 한다. 형편이 안 되는데도 '족집게' 과외 선생을 모셔다 공부를 하게 하는 것이 대표적이다. 무슨 점쟁이도 아니고 선생이 어떻게 '족집게'라는 수식어를 붙이고 다니는지 야릇한 일이지만, 내 주장을 내놓는 게 아니라 남의 생각을 잘 외워서 답하게 되어 있는 한국 시험제도의 부산물이라고 하겠다.

아무튼, 자신이 이루지 못한 것을 자식을 통해 이루려는 부모들이 있다. 그래서 자식 교육에 필사적으로 올인하고, 허리띠 졸라매며 자식 뒷바라지하는 걸 매우 자랑스럽게 여긴다. 그런 분들에게 더 중요한 것이 노후 준비라고 이야기하면, 매정하게 자기 몫만 챙기는 못된 부모 취급을 하기도 한다. 하지만 그 결과는 어떤가. 반에서 1등 하면 인생 술술 풀릴 줄 알았던 그 아들 혹은 딸이, 서른 다 되도록 수험서만 들여다보고 있진 않은가? 아니면, 취직은 했으나 월급도 별 볼 일 없이 적고 자기 앞가림도 힘들 지경 아닌가? 나 또한 노후자금을 자식의 사교육에 쏟아부은 결과로 늘그막에 일자리를 찾아다녀야 하는 신세가 되어 있진 않은가?

길어진 수명을 재앙이 아니라 축복으로 만들려면 나에게 수입이 있을 때 준비를 해두어야 한다. 한국 가정의 90%가 엄마에게 경제권을 맡기고 있으니, 노후 대책도 엄마들이 세워야 한다. 육 남매 중 하나만 성공시켜도 온 가족이 먹고살 뿐 아니라 그것으로 노후 대책이 되던 시대는 지났다. 개천에서 용 나는 일 같은 건 이제 일어나지 않는다. 당신은 자식의 뒷바라지를 하는 것보다 자신의 노후 준비를 우선해야 한다. 내 삶도 중요하기 때문이다. 더욱이 자식들은 당신보다 건강하고 기회도 훨씬 많다. 늙어서 자식에게 손 벌리지 않으려면 지금 그 준비를 해야 하고, 그것이 당연한 권리다.

노후를 위해
주식을 사라

통계청과 교육부의 공동조사에 따르면 2015년 사교육비 총액이 18조 원에 육박한다고 한다. 한국개발연구원(KDI)이 재분석하여 내놓은 결과로는 30조 원을 훨씬 넘는다고 한다. 엄연히 공교육이 존재하는데도 개인이 따로 부담하는 교육비가 연간 수십조 원에 이르는 것이다.

사교육비 규모가 수십조든 수백조든, 여유로운 상황에서 지출되는 것이라면 그러려니 할 수도 있을 것이다. 하지만 절대 그렇지 않다는 것이 문제다. '에듀 푸어'라는 신조어가 생길 정도로 사교육비가 가계부를 압박한다는 점이 이를 잘 보여준다. 에듀푸어는 부채가 있고 소득보다 지출이 많은데도 평균 이상의 교육비를 지출하는 '교육비로 인한 빈곤층'을 가리킨다. 이러한 빈곤층이 거의 100만 가구에 달해 국가경제에도 엄청난 부담이 되고 있다.

득보다 실이 많은 지출, 사교육비

사교육은 비단 초중고에 다니는 학생들에서 그치지 않는다. 최근에는 대학생과 취업 준비생, 나아가 직장인들의 사교육도 점차 늘고 있다. 어학, 자격증, 컴퓨터, 희망하는 직무 관련 교육 등이 주요 분야다. 예컨대 한국은행이 밝힌 바에 따르면 2015년에 유학·연수비 명목으로 해외로 지출된 돈이 4조 원을 넘어섰다고 하며, 온라인 취업포털 사람인은 2016년 초 취업 준비생들이 평균 358만 원을 사교육비로 지출했다는 조사 결과를 내놓았다.

대학생이 되어서도, 대학을 졸업한 후에도, 심지어는 직장인이 되고 나서도 사교육이 계속되는 이유는 무엇일까? 말할 것도 없이, 경쟁력이 떨어지기 때문이다. 학원과 교과서에 갇혀 비슷비슷한 생각을 하는 성인으로 자랐기 때문에 남보다 특출난 점을 찾을 수가 없게 되는 것이다. 자식의 성공을 위해 자신의 행복까지 포기해가며 들인 노력이 오히려 이런 결과를 가져오다니, 부모 입장에서는 얼마나 기운 빠지는 일이겠는가.

내 생각으로는 출혈이 크면서도 가장 쓸데없는 지출이 바로 사교육비다. 사교육비는 그 성격 자체가 남들을 따라잡거나 남들을 능가하기 위해 쓰이는 돈이다. 나의 특성을 살려 나를 키우는 것보다 순전히 남들과 비교했을 때 나아 보이기 위한 지출이다. 그런 교육은 자녀를 부자의 길에서 점점 멀어지게 한다. 아이러니하게도, 사교육비는 '부자가 되지 않기 위해' 쏟아붓는 돈인 셈이다.

이미 지나간 일은 후회해봐야 소용없다. 지금이라도

자녀의 미래를 위해 무엇을 할 수 있을지를 생각하는 것이 중요하다. 지금 한국이 갖고 있는 경제·사회적 문제가 자녀 세대에서는 더 심화될 거라는 게 현실적인 전망이다. 환경의 변화에 안일하게 대처한다면 자녀들은 고등 교육을 받고도 빈곤층으로 전락할 것이다. 빈부의 차이는 더욱 벌어지고, 양극화가 심화될 것은 불을 보듯 뻔한 일이다. 앞으로 우리 자녀가 살아갈 세상은 지금 우리가 알고 있는 세상과 전혀 다르다. 고령화 시대, 인구가 감소하는 시대, 인플레이션보다 디플레이션을 걱정해야 하는 시대다. 한 번도 경험해보지 못한 시대에서 살아남으려면 과거와는 다른 생각을 할 줄 알아야 한다.

교육열 자체가 나쁜 것은 아니다. 그러나 그것이 어디에 집중되느냐가 문제다. 공부가 너무 좋아서 공부를 하고 싶어 하는 아이는 학자로 키우면 된다. 하지만 그게 아니라면 공부에 목숨 걸 필요가 없다. 적어도 돈을 많이 버는 데 공부는 하등 도움이 안 된다. 공부보다는 다양한 경험을 하는 것이 부자가 될 확률을 훨씬 더 높인다. 그중에서도 제일 중요한 것은 어렸을 때부터 자본가가 되는 경험을 해보는 것이다. 소비가 주는 자극적인 즐거움에 앞서 자본을 가지고 이익을 창출하는 즐거움을 알게 해야 한다. 그리고 그것을 알게 하는 가장 좋은 방법이 주식투자다. 쓸데없는 지출이 어떻게 미래의 수입 원천으로 바뀌는가를 보여줄 수 있기 때문이다.

자녀의 미래와 자신의 노후를 한 번에 준비하는 방법

내가 아는 한 부부에게 아이들 사교육비로 한 달에 얼마나 쓰느냐고 물었더니 150만 원 정도라고 대답했다. 내가 깜짝 놀라자 부부는 이게 절대 큰 금액이 아니라고 항변했다. 남들은 더한다는 소리다. 하지만 남들이 하는 건 나도 꼭 해야 한다는 것 자체가 고정관념이다. 오히려 남들은 하지 않는 생각을 해야 남다른 삶을 살 수 있지 않을까?

매달 100만 원, 200만 원을 사교육비로 지출하는 것은 어처구니없는 일이다. 나는 많은 학부모를 만나서 제안을 했다. 자녀들의 사교육비를 아껴서 주식을 사라고. 대부분 무슨 뜬금없는 말이냐는 반응을 보였다. 혹자는 농담으로 지나치려고 하고, 한국의 실정을 모르는 한가한 생각으로 치부하기도 했다.

하지만 자식을 부자로 만드는 엄마가 되기 위해서는 사교육을 당장 끊고 그 돈으로 주식을 사주거나 펀드에 가입해주는 것이 백배 낫다. 아이의 성공을 진정으로 원한다면 꼭 그렇게 해야 한다. 내가 이 책에서 한국의 부모님, 특히 어머님들께 말하고자 하는 핵심이다. 밤늦게까지 입시 학원을 전전하게 하는 것보다는, 국내외의 주식을 사서 자녀와 함께 토론을 하는 것은 어떨까? 애플과 삼성의 주식을 각각 사서 그 회사들의 전략에 대해 이야길 나눌 수 있다면 어떤 사교육보다 값진 경험이 될 것이다.

참고로, 매월 사교육비로 나가는 150만 원을 우리가 운용하는 펀드에 편입된 한 회사에 20년간 투자했다면 80억 원 정도의 큰돈이 되어 있을 것이다. 자녀가 아무리 좋은 대학을 나와 굴지의 기업에 취직한다 하더라도 월급은 얼마 되지 않는다. 그 월급을 모아서 어느 세월에 80억을 만들겠는가. 80억이면 자녀의 미래에 대한 보장이 될 뿐만 아니라 부모 자신도 여유로운 노후를 맞이할 수 있다.

좋은 점은 그것만이 아니다. 만약 사교육비 수십조 원이 해마다 주식시장으로 유입된다면 어떤 일이 벌어지겠는가. 자금 조달이 원활해진 기업은 더욱 적극적으로 사업을 해나갈 수 있다. 연구 개발에도 더 과감히 투자함은 물론 기업의 성장과 함께 채용도 늘어날 것이다. 이로써 국가경제에 선순환이 일어나고, 세계 시장에서 한국은 경쟁력을 확보하게 된다.

청년 실업의 문제가 심각해서 요새는 대학을 졸업하자마자 절반이 백수가 된다는 얘기가 있다. 언론에서는 '백만 백수 시대'라고 말하기도 한다. 그래서 휴학을 거듭해 졸업을 늦추거나 울며 겨자 먹기로 대학원에 진학하는 이들도 많다. 초등학교부터 대학까지, 오로지 좋은 직장에 들어가는 것을 목표로 달려온 아이들로서는 참으로 암담한 일일 것이다. 이런 자녀들을 바라보는 부모 역시 속이 말이 아닐 것이다. 그런데 만약 밤잠 안 재우고 과외시키는 대신 그 돈으로 주식을 사 모은다면, 자녀가 사회에 진출할 시기에 이르렀을 때 상큼한 출발을 하게 해줄 수 있다. "우리가 그간 사 모은 주식이 이만큼이나 됐단다. 이 돈으로 창업을 하든 장사를 하든 해보려무나"라고 말해줄 수 있을 테니 말이다. 이런 부모가 된다면 얼마나 멋진 일이겠는가.

사람들은 대개 주식은 위험하고 은행 예금이 가장 안전한 자산이라고 생각한다. 나는 정반대의 생각을 가지고 있다. 은퇴 준비를 위해서는 은행에 있는 자금이 가장 위험하고 주식이 장기적으로 가장 안전한 자산이다. 예전처럼 은행 금리가 10%를 넘나들 때는 다달이 적금을 붓는 것으로도 목돈을 만들 수 있었다. 하지만 지금은 금리가 아주 낮다. 물가상승률을 따지면 실질적으로는 마이너스다. 내 돈이 은행에서 잠을 자기 때문에 시간이 갈수록 줄어든다는 뜻이다. 적금 대신 매달 꼬박꼬박 주식을 사 모으는 것이 현재로썬 큰돈 만드는 유일한 방법이다.

손가락 사이로 빠져나가 버리는 모래처럼 다달이 가계부에 적자만 남기고 사라지는 사교육비. 이제는 과감하게 사교육을 끊고 자본이 일하도록 해야 한다. 자본이 일하게 하는 가장 좋은 방법은 선진국들처럼 주식에 장기투자하는 것이다. 자녀의 미래와 자신의 노후를 위해 너무나 절실하게 요구되는 사항이다.

연금펀드에 가입하고, 퇴직연금은 주식에 투자하라

한국은 세계에서 가장 빨리 늙어가는 나라다. 지금 속도대로라면 2050년에는 65세 이상 인구가 40%에 육박할 것이라고 한다. 2050년이면 아직 30년도 훨씬 더 남았으니 먼 얘기라고 생각하는 사람이 많을 것이다. 이렇게 생각해보면 어떤가? 2050년은 2016년 현재 기준으로 34년 후이니, 지금 30대 초반들에게 닥칠 문제라고. 갈수록 줄어드는 출산율을 생각해보면 그 시기가 앞당겨졌으면 앞당겨졌지 도래하지 않거나 늦춰질 가능성은 없어 보인다.

인구구조가 그처럼 역삼각형이 될수록 모든 세대의 삶이 고달파진다. 역동성이 사라져 국가 경쟁력이 저하되기 때문이다. 그래도 역시나 가장 고달픈 이들은 노년층일 수밖에 없다. 1950년에는 노인 1명당 부양인구가 16명이었다. 이 숫자는 해마다 급격히 줄어 2016년에는 5명이 됐고, 2036년이면 2명 이하로 떨어질 것으로 전망되고 있다. 16명이 하던 일을 2명이 해야 하니 얼마나 힘겹겠는가. 그러니 자식들에게 부양받겠다는 생각은 꿈도 꾸지 않는 것이 좋다. 자기 자신을 보살피기도 힘들 것이기 때문이다.

그런 절박한 상황에 몰리지 않으려면 일찍부터 노후 준비를 착실히 해둬야 한다. 물론 인구구조의 변화에 따라 국가의 복지 정책도 달라져야 하겠지만, 국가의 지원에 앞서 노후 대책은 순전히 내 책임이라는 생각으로 임해야 한다.

직장인 노후 대비 필수품, 퇴직연금

노후자금, 말은 많이 하는데 도대체 얼마나 필요할까? KB금융지주경영연구소가 2015년에 내놓은 자료에 따르면 월평균 226만 원이 필요하다고 한다. 200만 원만 잡아도 40년이면 10억 원 가까이 든다는 결론이다. 그런데 이 10억을 목돈으로 가지고 있는 것이 아니라 연금제도를 활용해 준비하는 것이 보통이다.

현재 노후를 대비하는 연금은 대부분 3단계로 이뤄진다. 국민연금, 퇴직연금, 개인연금이다.

먼저 1층에 해당하는 국민연금은 기본적인 생활 보장을 위한 것으로, 일정 소득이 있는 국민 모두에게 가입이 의무화되어 있다. 전업주부나 학생처럼 소득이 없는 사람도 임의가입이라는 방식으로 가입할 수 있다. 3층의 개인연금은 노후 생활의 여유를 위해 개인이 추가로 대비하는 것으로, 민영보험사를 통해서 가입하는 연금이다. 그리고 둘 사이에 2층의 퇴직연금이 있는데, 내가

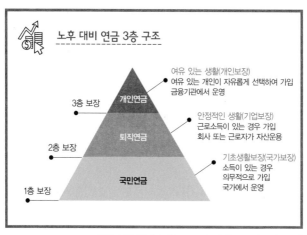

자료: 고용노동부(http://www.moel.go.kr/pension/intro/why.do)

여기서 다루려고 하는 것이 바로 이것이다. 노후 준비를 위해 정말 중요한 요소이므로 자신 또는 배우자가 현재 직장에 다니고 있다면 더 주목해주길 바란다.

예전에는 직장을 그만둘 때 실직기간이나 은퇴 후의 생활을 보장하기 위해 퇴직금이라는 것을 지급했다. 그런데 일시금으로 지불하기 때문에 퇴직금 본래의 역할을 하지 못하는 경우가 많았다. 그걸 밑천으로 사업에 뛰어들었다가 실패하거나 갑자기 생긴 목돈에 들떠서 차를 바꾸는 등 과소비를 하거나 해서 얼마 못 가 다 써 버리는 사람이 허다했다. 또 간혹은 회사 사정이 나빠져 퇴직금을 못 받게 되는 경우도 많았다. 퇴직연금제도는 그런 점을 보완하기 위해 도입되었다. 가장 큰 차이점이라면 55세 이후 연금식으로 수령할 수 있다는 것과 재직기간 동안 회사가 별도의 금융회사에 퇴직급여를 적립한다는 것이다. 2005년부터 도입되어 현재는 전체 근로자(상용)의 절반 이상인 600만 명이 가입되어 있다.

퇴직연금제도는 어떻게 나뉘나

퇴직연금제도는 일시금으로 받을 것인지 연금 형태로 받을 것인지를 퇴직자가 선택할 수 있게 한 제도다. 직원의 재직기간 동안 회사는 퇴사 시 지급할 돈을 금융회사에 적립하고 이를 회사 또는 직원이 운용하는데, 운용하는 주체가 누구냐에 따라 확정급여형(Defined Benefit: DB)과 확정기여형(Defined Contribution: DC)으로 나뉜다.

확정급여형(DB)은 말 그대로, 자금 운용의 성과와 관계없이 회사가 근로자에게 주는 퇴직급여액이 정해져 있다. 근무기간과 평균임금에 의한 계산식으로 확정된다. 성과가 좋으면 회사의 지급 부담이 줄어들 것이고, 성과가 나쁘면 돈을 더 보태서 지급해야 할 것이다. 그래서 대부분 DB 운용은 매우 보수적으로 이뤄진다. 주식 등의 편입 비중이 무척 낮고 원리금을 보장하는 상품에 대부분 투자되고 있다.

이에 비해 확정기여형(DC)은 근로자가 운용하는 연금이다. 회사는 매월 정해진 금액을 직원의 퇴직연금 통장으로 이체해줄 뿐이며, 운용 책임은 직원 자신이 진다. 따라서 운용 성과에 따라 퇴직급여를 늘릴 수도 있고 손해를 볼 수도 있다. 하지만 퇴직급여인 만큼 시간이 충분하여 장기 운용에 따른 성과를 충분히 누릴 수 있으므로, 적극적으로 투자하는 것이 좋다.

그 외에 직장을 옮기거나 그만둘 때 받은 퇴직급여를 자신의 개인 계좌에 적립하여 운용함으로써 55세 이후에 연금 형태나 일시금으로 수령할 수 있게 한 개인형되

퇴직연금제도의 유형

구분	소개	운용 주체	근로자 추가 납입	수령액
확정급여형 (DB)	운용 결과와 관계없이 정해진 수준의 퇴직급여 수령	사용자	불가능	퇴직 시 평균임금 × 근속연수
확정기여형 (DC)	운용 결과에 따라 퇴직급여 수령	근로자	가능	매년 임금총액의 1/12 + 투자손익
개인형 퇴직연금 (IRP)	퇴직급여를 본인 계좌에 적립하여 계속 운용한 후 수령	근로자	가능	–

직연금(IRP)이 있다. 간단히 말해 DB형과 DC형은 재직 중에 퇴직급여를 만들어가는 것이고, IRP는 퇴직급여를 받아 운용하는 것이다.

젊을수록 DC형을 선택하라

한국에 와서 알게 된 놀라운 사실은 대부분의 근로자가 자신의 퇴직연금이 DB형인지 DC형인지를 모르더라는 것이었다. 퇴직연금은 20~30년 후를 준비하는 것이기 때문에 당연히 DC형으로 가입해야 하고, 대부분의 자금을 주식에 투자해야 한다.

내가 처음 메리츠에 왔을 때 직원들 대부분이 퇴직연금을 DB형으로 가입해 있는 걸 보고 많이 놀랐다. 메리츠만이 아니라 은행 등 대부분의 금융기관 직원들도 마찬가지였다. 금융업계에서 직접 돈을 다루는 사람들이 이러한데 일반인은 오죽하겠는가.

대다수 직장인이 그냥 회사에 맡겨놓으면 따로 신경쓸 일 없이 정해진 금액은 보장받는다는 생각에 DB형을 선호한다. 그리고 언젠가 은퇴할 때쯤이 되면 월급도 상당히 올라가 있을 것이니 그에 따라 퇴직급여도 늘어날 거라는 막연한 기대를 가지고 있다. 그런데 실제로는 그 기대가 깨질 가능성이 더 크다. 이미 저성장 시대로 돌입했기 때문에 임금 상승률이 과거와 같지 않을 거라는 뜻이다. 또 임금 피크제를 적용하는 곳도 많다. 알다시피 임금 피크제는 일정 연령에 이른 근로자의 임금을 삭감하는 대신 정년까지 고용을 보장하는 제도다. 근속연수에 비례해서 임금이 계속 올라가면 기업에 부담이 되기 때문에 생산성이 피크에 달한 시점을 기준으로 임금을 줄이는 것이다. 임금이 줄어든다고 해서 물가상승률도 하락하는 것이 아니기 때문에 그 시기가 되면 양쪽으로 압박을 받게 된다. 따라서 그 차액만큼이라도 어딘가에서 보전이 되어야 한다. 하지만 DB형은 해법이 아니다.

앞서도 말했다시피 DB형은 매우 보수적으로 운용되어 원리금보장 상품에 96%가 투자되고 있다(2015년 12월 기준, 고용노동부). 제로금리 시대, 실질금리 마이너스 시대에 원금과 이자가 보장된다는 것은 특별한 메리트가 될 수 없다. 원금이 줄어들 가능성은 없지만 아무리 기다려도 큰돈을 만들 수는 없다. 인플레이션을 가정하면 은퇴 후 자금이 턱없이 모자라게 된다. 현재의 이자율로는 70년을 기다려야 원금의 두 배가 되기 때문이다.

효율적인 노후 대비를 위해서는 DB형으로 되어 있는 퇴직연금을 DC형으로 전환해야 한다. 나는 우선 우리 직원들부터 퇴직연금을 DB형에서 DC형으로 바꾸도록 유도했다. 그리고 월급의 일정 부분을 떼어 메리츠가 운용하는 펀드들에 골고루 가입하도록 했다. 직원들은 시간이 갈수록 자본이 늘어나는 것을 보고 다들 좋아하고 있다. 본격적으로 자신들의 노후를 준비하고 있다는 뿌듯함을 느끼는 동시에 그동안 생각 없이 낭비해오던 자금을 투자로 바꾸는 즐거움을 알게 됐다.

DC형에서도 주식 편입 비중을 늘려라

DC형으로 전환한다고 해도 그것으로 끝이 아니다. 주식 비중을 높여야 한다. 사실상 DC형 역시 현재 운용 상황을 보면 원리금보장 상품에 80% 가까이 투자되고 있고 원리금비보장 상품, 즉 실적배당 상품 비중은 20%도 되지 않는다(2015년 12월 기준, 고용노동부).

여기에는 몇 가지 원인이 있는데 물론 가장 큰 것은 사람들의 주식투자에 대한 부정적인 생각이다. 거기에 퇴직연금 도입 초기, 그 자금을 끌어다 운용하려는 퇴직연금사업자들이 고금리를 내세우며 서로 경쟁한 깃이 원리금보장 상품의 인기를 부추겼다. 그리고 또 하나는 정부의 엄격한 투자 규제다. 노후 자금이라는 측면에서 위험자산에 대한 투자를 40%로 규제했던 것이다. 다행히 2015년에 이 비율이 70%까지 늘어나기는 했으나 나는 100%까지 허용되어야 한다고 본다. 안전성을 중시하기 때문에 규제한다고 하지만, 사실 장기적으로 가장 안전한 상품은 주식이기 때문이다. 주식투자의 위험을 줄이는 방법은 크게 세 가지밖에 없다. 첫째는 장기투자이고, 둘째는 분산투자이고, 셋째는 여유자금으로 하는 것이다. 퇴직연금에 딱 어울리는 말이다.

퇴직연금을 DC형으로 전환하여 주식에 투자하면 고용자, 피고용자 모두에게 유리하다. DC형으로 전환하면 고용자 입장에서는 지급 부담이 늘어나는 것을 피할 수 있다. 낮은 금리환경에서 원리금보장형 상품은 실질적으로 마이너스 상품이기 때문이다. 피고용자 입장에서는 자신이 직접 투자하여 임금 상승 속도보다 빠른 자본의 증가 속도를 누릴 수 있다.

미국 역시 1980년대에만 해도 사람들이 주식투자를

많이 하지 않았다. 주식에 대한 이해도가 낮았기 때문이다. 지금의 한국과 상당히 흡사하다. 그런 미국에서 1990년대 말 다우지수 1만 포인트 시대가 열렸는데, 여기에는 401(K) 기업연금이 많은 기여를 했다. 이 제도는 1980년부터 시행한 기업연금제도로, 월급의 10%까지 연금계좌에 적립하면 59.5세 정년이 될 때까지 세금을 유예해준다. 자본주의의 약점이 될 수 있는 빈부 격차를 줄이려는 노력의 하나다. 즉 기업에서 일하는 직원들이 월급만 가지고는 노후가 충분하지 않을 것을 예측해 직원들의 주식투자를 유도해서 자본가가 되는 길로 이끈 것이다. 심지어 많은 회사에서 이 제도의 참여율을 높이려고 직원이 적립한 금액의 50%에서 100%까지 더해서 적립해주기까지 했다.

401(K) 자금은 주식형펀드, 혼합형펀드, 채권형펀드 등 위험자산에 대한 투자가 80% 이상을 차지한다. 그 중에서도 40% 이상이 주식형펀드로 자금을 운용했다. 그 자금이 유입됨으로써 자본시장이 활성화되었으며, 이는 궁극적으로 기업환경에 활력을 불어넣는 선순환

을 가져왔다.

나 역시 30년 전 미국에서 처음 직장생활을 시작할 때부터 401(K)를 통해 많은 혜택을 보았다. 당시는 월급도 많지 않았지만 매달 월급의 10%를 주식형펀드에 투자했고, 30년이 지난 지금도 가지고 있다. 가끔 들여다보면 당시에는 얼마 되지 않던 돈이 엄청나게 불어나 있다. 장기투자의 무서움을 실감할 수 있다. 처음에는 미미하게 시작하지만 지속적인 재투자를 통해 오랜 기간이 지나면 큰 금액이 된다는 사실이다. 농사에 비유하면 씨앗을 심는 것과 마찬가지다. 오랜 기간을 기다리면 큰 수확을 얻을 수 있다.

결론적으로 내가 강조하고 싶은 바는 이것이다. 첫째, 노후를 대비하기 위해서는 연금펀드가 꼭 필요하고 퇴직연금도 DC형으로 전환하라는 것이다. 둘째, 운용 포트폴리오에 주식 비중을 최대화하라는 것이다. 그리고 마지막으로, 일시금이 아니라 연금으로 수령하라는 것이다. 퇴직연금제도라는 이름이 무색하게도,

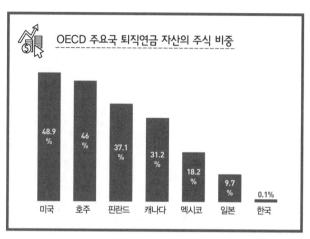

자료: OECD(2012년 기준)

수급 연령에 이르렀을 때 연금으로 신청하는 비율이 7%밖에 되지 않고 대부분이 일시금으로 수령한다고 한다. 당장 목돈이 필요한 사정이야 누구에게든 있겠지만, 이 돈은 노후를 위해 남겨두어야 한다는 점을 꼭 기억했으면 한다.

한국 주식시장은 보통 사람들이 생각하는 것보다 훨씬 희망적이다. 대부분의 사람이 주식투자를 부정적으로 여기는 까닭에 시장 참여자가 많지 않다. 주식 가격이 비싸지지 않는 이유다. 국민연금이나 공무원연금, 퇴직연금 등 각종 기관의 참여 역시 현재까지는 소극적이다. 하지만 저성장·저금리 시대에 자금이 몰려갈 곳은 주식시장밖에 없기 때문에 조만간 각 기관이 투자 비중을 확대할 것이다. 퇴직연금의 주식 비중이 미미하다는 사실은 한국 주식이 얼마나 소외됐었는지를 말한다. 장기적으로는 미국처럼 주식시장이 활성화될 가능성이 크고, 많은 사람이 주식의 가격 상승을 통해 노후 준비를 할 수 있을 것이다. 평범한 사람이 부자 될 길은 주식밖에 없다. 그리고 투자기간이 길수록 더 큰 성과를 거둘 수 있으니 하루라도 일찍 시작하는 것이 좋다.

BUY STOCK
BUY FUTURE

2부

엄마가 부자 되는 법,
주식이 답이다

주식투자는
선택이 아니라 필수다

현금 · 예금은
일하지 않는 돈이다

얼마 전 텔레비전의 예능 프로그램을 보는데 꽤 알려진 중년 여성 연예인이 출연했다. 그분은 자신의 며느리가 너무나 착하고 사랑스럽다고 자랑했다. 그런데 그 이유가 나를 경악하게 했다. 며느리가 "주식투자 같은 것을 하지 않아서" 너무 예쁘다는 것이다. 놀라운 사실은 그 자리에 있던 다른 출연자들도 아무런 문제 없이 동의하더라는 것이다.

당시는 미국에서 온 지 얼마 안 되었을 때라 그 장면

이 상당히 충격적이었다. 이후 사람들을 만나보면서 대부분이 그와 비슷한 생각을 하고 있다는 걸 알게 됐고, 한국이 노후 준비에 얼마나 소홀한지도 알게 됐다. 심지어는 경영학과 교수나 증권방송에서 일하는 앵커들 중에서도 주식투자를 하지 말아야 한다고 생각하는 사람이 많았다. 정부조차도 주식은 위험한 것이라며 퇴직연금을 운용하는 데 제한을 두고 있으니 말해 무엇하랴. 주식투자에 대한 인식이 심각할 정도로 후진성을 면치 못하고 있다.

예금 비중 높은 한국 vs. 주식 비중 높은 미국

미국에서는 어려서부터 금융 교육을 하기 때문에 주식투자에 대한 이해도가 높다. 그런데 한국에서는 주식투자를 거의 도박처럼 여긴다. 중독이니 폐인이니 패가망신할 일이니 하는 말까지 공공연히 한다. 주식투자에 대한 부정적인 분위기가 널리 퍼져 있기 때문에 가계 자산도 상당히 특이한 형태로 구성되어 있다.

한국인이 가장 중시하는 것은 부동산이다. 어떤 전문가가 "우리나라 사람들은 많은 돈을 엉덩이 밑에 깔고 있다"고 얘기하는 걸 들었는데 딱 맞는 표현이다. 자산 중에서 가장 큰 비중을 차지하는 것이 부동산으로 70%를 훌쩍 넘는다. 미국은 30% 수준이니 그 두 배도 더 된다. 그렇다면 부동산을 제외한 나머지 자산들은 어떻게 구성되어 있을까? 한국은 현금·예금이 절반 이상을 차지하고 주식·채권·펀드에 투자된 자산은 20%도 안 된다. 이에 비해 미국은 현금·예금이 10% 수준이고 주식·채권·펀드의 비중이 60%를 넘어 압도적이다. 뮤추얼펀드, 연기금, 보험사 등 기관의 주식 보유 비중이 높은 것도 한몫한다.

왜 이런 차이가 날까? 금융 교육을 철저히 받은 미국인들은 왜 그렇게 '위험한' 곳에 많은 돈을 넣어두고 있을까? 한마디로 답한다면, 자본주의를 이해하고 있기 때문이다. 자본주의 사회에서는 자본가만이 부자가 될 수 있다는 사실을 이해하고, 평범한 사람이 자본가가 되려면 가장 쉽고 효과적인 방법이 주식투자라는 걸 알기 때문이다.

일본의 잃어버린 20년

만약 한국이 지금과 같은 예금 보유 비중을 쭉 유지한다면 앞으로 어떤 일이 일어날까? 이웃 나라 일본을 보면 어느 정도 짐작할 수 있다. 일본은 지난 20여 년간 경기침체를 겪어왔다. 그렇게 된 원인에는 여러 가지가 있겠지만, 가계 자산이 예금에 편중되어 있다는 점도 큰 이유가 된다. 부의 80%가 노년층에 집중되어 있고, 그 부 대부분이 은행 예금이다. 심지어 집 안 금고에 현금을 보관하는 노인들도 있다. 안전을 중시하고 위험을 감수하지 않으려 하는 성향이 그대로 반영된 모습이다. 만약 그 부가 주식에 투자되었다면 상황은 많이 달라졌을 것이다. 주식시장에서 자금을 원활히 조달하게 된 기업들은 더 적극적으로 사업을 펼칠 수 있었을 것이며, 지금

력은 없지만 남다른 아이디어가 있는 창업자들에게도 큰 힘이 되었을 것이다. 그 결과 국가경제도 활발하게 돌아가 경기 상황이 많이 호전되었을 것이다. 하지만 한·미·일 3국 중에서 일본은 현재까지도 가장 낮은 주식투자 비중을 보이고 있다. 남의 나라 일이라고 그냥 흘려 들었다가는 우리도 같은 길을 걷게 될지 모른다.

원금보장의 딜레마

돈의 어원에 대해 '천하를 돌고 돈다' 는 데서 온 것이라는 얘길 들은 적이 있다. 다시 생각해봐도 참 그럴싸한 말이다. 돈은 원래 돌고 도는 것이고, 돈이 돌고 돌아야만 끊임없이 재생산이 일어난다.

회사에서 월급을 받거나 자기 사업을 통해 결제를 받으면, 그 돈을 그대로 손에 쥐고 있는 사람은 없다. 먹거나 입거나 자는 데 일부를 쓰고, 배우거나 놀거나 문화생활을 하는 데도 일부를 쓴다. 그리고 또 일부는 미래를 위해 저축한다. 의식주나 교육, 문화생활로 지출하는 돈은 다른 사람에게 건네지는 것이므로 돌고 돌며 자기 역할을 한다. 문제는 저축이다.

은행에 예금 형태로 저축하면 그 돈은 갇힌 돈이 된다. 경제에 활력을 주는 역할도 하지 못하고, 예금주의 부를 늘려주지도 못한다. 어쨌거나 은행에 넣으면 원금은 보장되지 않느냐고 생각하겠지만, 그 오랜 고정관념을 깨야 부자가 될 수 있다. 앞서도 몇 번이나 말했지만 원금이 보장된다는 것은 특별한 혜택이랄 수도 없다. 오히려 손해가 된다. 10년 전 1만 원으로 할 수 있었던 것과 지금 1만 원으로 할 수 있는 일을 비교해보라. 돈이 스스로 불어나지 않고 그 상태 그대로 있다면 손해라는 게 바로 그 때문이다.

지금은 금융 선진국으로서 세계 금융시장을 선도하고 있지만, 미국 역시 처음부터 주식시장이 활성화되었던 건 아니다. 미국인들도 위험하다고 여겨 투자를 꺼렸다. 그러다가 앞서 이야기한 401(K)의 도입과 함께 정부와 기업이 힘을 합쳐 근로자들의 시장 참여를 유도하면서 주식투자에 대한 인식이 바뀌었다. 젊었을 때부터 번 돈의 일부를 주식에 투자하여 자본에게 일을 시킴으로써 노동과 자본 양쪽에서 돈을 벌어들이도록 한 것이다. 후에 나이가 들어 노동력이 사라지더라도 자본은 계속해서 왕성하게 일을 해나간다. 그래서 노후 대비가 되는 것이다.

또한 국가적 차원에서도 주식시장 활성화는 꼭 필요한 일이었다. 후발 공업국들이 빠른 속도로 성장하면서 제조업을 위협할 때, 미국은 재빠르게 금융산업으로 방향을 선회할 수 있었다. 그 덕에 전통 산업의 많은 부분을 후발국에 내주고도 부동의 경제대국 지위를 유지하고 있는 것이다.

우리나라는 지금 갈림길에 서 있다. 일본의 전철을 밟아 장기 침체로 들어설 것인가, 미국과 같은 길을 걸어 금융 선진국으로 도약할 것인가의 양 갈래 길이다. 후자의 길로 가기 위해서는 가장 먼저 주식투자에 대한 부정적 선입견을 떨쳐내야 한다.

왜 **주식투자**를 **도박**으로 여기게 됐을까

내 주위에는 주식투자를 해서 돈을 벌었다는 사람이 별로 없다. 오히려 돈을 잃었다는 사람이 많다. 그러다 보니 주식에 투자했던 사람뿐만 아니라 그 주위의 사람들조차 주식투자에 대해 강한 반감을 가지고 있다. 내가 메리츠자산운용의 대표를 맡고 나서 가장 놀랐던 사실이 주식투자를 전문으로 하는 우리 직원들조차 주식이나 펀드에 투자를 하고 있지 않다는 것이었다.

주식시장을 분석하는 것을 업으로 하는 한 애널리스

트한테 이런 말도 들었다. "우리나라 주식시장에서 수익을 내는 사람들은 5% 정도입니다." 그렇다면 나머지 95%는 계속 손실을 보고 있다는 건데, 그래서야 어떻게 시장이 유지되겠느냐고 내가 물었다. 그러자 그가 말하길 "깡통이 된 95%가 손 털고 나가면, 새로 또 그만큼의 신규 참여자가 들어오길 반복하는 거죠"라고 했다.

주식투자로 깡통이 된다는 것도 참 어이없는 일이지만, 그런 사람들이 무려 95%나 된다는 게 도무지 이해가 되지 않는다. 사실이 그렇다고 치면, 그건 투자가 아니라 투기를 했기 때문이다. 차트를 보면서 오를 것 같은 종목을 사서 단기간에 몇 퍼센트의 이익을 남기고 파는 것을 주식투자라고 해선 곤란하다. 내가 이야기하는 것은 투자이지 투기가 아니다.

단기간에 수익을 내준다는 기법들의
치명적인 오류

그렇다면 투자와 투기는 어떻게 다를까? 혹시 벤저민 그레이엄이라는 이름을 들은 적이 있는지 모르겠다. 워런 버핏의 스승으로 유명하며 1940년대에 《현명한 투자자》라는 책을 썼는데, 그 책은 오늘날까지도 투자자들의 바이블로 여겨지고 있다. 그 책 제1장에서 그는 투자(investments)와 투기(speculation)에 대해 이야기했다. 기업의 가치와 주식의 가격을 구분해서 가치보다 가격이 낮은 것을 사면 투자이고, 둘을 구분하지 못하거나 가격만 보고 사면 투기라고 했다.

주식의 가격이야 매일 시장에서 형성되고 실시간으로 공표되니 누구나 알 수 있지만, 기업의 가치는 쉽게 드러나지 않는다. 그래서 많은 이들이 기업의 가치를 찾는 일에 몰두했다. 미국의 주식투자 역사는 그 가치를 어떻게 찾아낼 것인가에 대한 연구와 함께 진행되어왔다고도 할 수 있다. 대를 이어 진행된 그 연구의 주인공들로는 그레이엄을 비롯하여 필립 피셔, 워런 버핏 등 쟁쟁한 인물이 많다.

그런데 우리 주식시장에서는 기업의 가치를 찾으려는 노력보다 주가만 보고 매매하는 행태가 훨씬 많다. 서점에 가면 단기간에 수익을 내준다는 기법서들이 차고 넘친다. 차트를 보여주고 쌍바닥이니 골든 크로스니 해가며 이런 패턴이 나오면 곧 상승할 것이니 매수하라는 식이다. 홈트레이딩시스템(HTS)만 봐도 앞으로의 주가 움직임을 예측할 수 있다는 툴들이 엄청나게 많다. 주가의 변동폭을 바탕으로 한 것도 있고 추세나 파동, 거래량, 심리를 분석하는 것들도 있다. 하지만 그 툴들이 아무리 논리적이고 정교하다 해도 기본적인 오류를 안고 있다. 바로 과거의 모습을 미래에 반영하고자 한다는 것이다. 차트는 단지 주가가 그렇게 지나왔음을 보여주는 발자국에 지나지 않는다. 그것이 미래에도 재현될지 어떨지는 누구도 알 수 없다. 그런데도 많은 이들이 이런 기법들을 적용하면 단기 고수익이 가능하다는 환상에 빠져 있다.

물론 몇 번은 들어맞을지도 모른다. 하지만 그랬을 때는 결과가 더 안 좋다. 그것이 하나의 경험칙이 되어 결국엔 가진 돈을 몽땅 털어 넣을 때까지 사고팔기를 반복하게 되기 때문이다. 주식투자를 한다면서 사실은 주가만 보고 도박을 하는 것이다.

나는 미국에 있을 때 코리아펀드를 운용하면서 많은 고객에게 이익을 안겨주었다. 그런데 한국에서 살고 있고 나보다 한국을 더 잘 아는 한국 투자자들은 왜 손해를 볼까? 단언하지만 투자와 투기에서 오는 차이다.

투기의 역사에서 투자의 시대로

많은 이들이 나에게 묻는다. 아무리 장기로 투자한다 하더라도 단기적으로 대응을 해야 하지 않느냐는 것이다. 예를 들어 사람들의 선호도가 소형주에서 대형주로 옮아가면 그쪽으로 갈아타야 하지 않느냐고, 혹은 시장이 안 좋을 것 같으면 보유 비중을 줄여야 하지 않느냐고. 그럴듯하게 들리지만 그렇게 하는 것은 최악의 선택이다. 그것은 투자가 아니고 투기의 영역이다. 주변을 보면 많은 이들이 이런 관점을 가지고 있는 듯한데, 바로 그렇기 때문에 대부분 주식투자에 실패한다.

주식을 산다는 것은 투자한 회사의 지분을 취득하는 것이다. 즉 투자한 회사의 일정 지분을 갖는 주인이 된다는 뜻이다. 주식을 영어로 에쿼티(equity)라고 한다. 지분이라는 뜻이다. 그런데 한국에서는 주식을 위험자산이라고 분류한다. 생각이 극과 극이다. 한쪽에서는 주식을 회사의 지분이라고 하는데 한쪽에서는 위험한 자산이라고 한다. 미국 사람들은 주식투자를 통해서 노후 준비를 하는 데 비해 많은 한국 투자자들은 남들보다 정보를 먼저 알아서 잼싸게 사고팔아 단기간에 목돈을 만드는 수단으로 생각한다.

이는 아직 우리의 주식투자 문화가 덜 성숙했음을 보여주는 단면이기도 하다. 모든 제도 · 시스템이 제대로 자리를 잡기까지는 시행착오의 시기를 거치듯 세계 각국의 주식시장 역시 마찬가지였다. 이전에 경험해보지 못한 생소한 개념이 적용되는 곳이었고, 그래서 기회와 위기라는 양 극단이 공존하는 곳이었다. 한국 주식시장도 그런 길을 거쳐왔다.

한국 주식시장은 일제 강점기 때 형식적인 개장을 하긴 했지만, 상장 기업 수가 늘고 거래가 활성화되면서 주식시장 본연의 역할을 하게 된 것은 1970년대 이후부터다. 국가경제의 발전상을 주식시장을 통해서도 확인할 수 있을 만큼 급격한 성장을 이뤘지만, 수많은 돌발 이벤트로 우여곡절도 많았다. 투기적인 거래로 단기간에 큰 수익을 내는 한편, 무슨무슨 파동으로 손도 못 쓰고 깡통 계좌가 되기도 했다. 그런 일들이 몇십 년에 걸쳐 반복됐기에 주식투자라고 하면 일확천금과 패가망신을 오가는 도박이라는 이미지가 강하게 형성된 것이다.

하지만 이제 우리 주식시장도 100년의 역사를 향해 가고 있다. 경제도 고도 성장기를 지나 안정기에 접어들었기에 변동성과 불안정성이 줄어들었다. 그리고 무엇보다, 주식은 평범한 사람들이 노후 준비를 할 수 있는 마지막 보루다. 좋은 기업을 골라 동업자의 마음으로 꾸준히 투자해야만 성장의 열매를 나눠 가질 수 있다. 그러기 위해서는 주식시장을 예측해서 단기간에 돈을 벌려는 '마켓 타이밍'의 환상부터 깨야 한다.

마켓 타이밍의
환상을 버려라

한국에 오니 해마다 연말 연초가 되면 투자자들로부터
이런 질문을 받는다.

'코스피가 얼마까지 가겠는가?'

'가치주에 투자해야 할까, 아니면 성장주인가?'

'대형주와 소형주 중 어느 쪽이 좋은가?'

아무도 대답할 수 없는 질문이다. 1년이라는 기간은 투
자에서는 너무 짧은 시간이고, 미래를 예측하는 것은 불
가능하기 때문이다. 알지 못하는 것을 맞히려고 기를 쓰

느니 차라리 점쟁이를 찾아가는 것이 낫지 않을까 싶다.

내가 코리아펀드를 운용하던 당시, 미국에서는 이런 질문을 받은 적이 한 번도 없다. 대부분 보다 근본적인 질문들이었다.

'한국도 일본처럼 고령화 시대에 접어들었는데 한국은 어떻게 다른가?'

'가계부채에 대한 정부의 정책은 무엇인가?'

'한국에 디플레이션의 우려가 존재하는가?'

'한국의 지배구조가 좋아지고 있는가?'

미래를 예측할 순 없지만, 내가 투자한 회사가 돈을 잘 벌 수 있을지 어떨지에 대한 판단은 주가지수를 알아맞히는 일보다 훨씬 쉬운 일이다.

마켓 타이밍은 신의 영역이다

시장을 예측해 그 결과에 따라 투자하는 방식을 마켓 타이밍이라 한다. 예를 들어 시장 상황이 나빠질 거라고 판단되면 주식 비중을 줄이고, 좋을 거라고 생각되면 비중을 늘리는 방식이다. 또 어떤 종목이 상승할 것으로 보이면 매수하고 하락할 것으로 보이면 매도하는 방식이다. 언뜻 그럴듯해 보이지만 전혀 좋은 방법이 아니다. 마켓 타이밍을 정확히 포착할 수 있는 사람은 없기 때문이다. 마켓 타이밍은 알 수 없는 것을 가지고 쓸데없이 시간과 노력을 낭비하는 일일 뿐이다. 특히 증권방송 등에서 나오는 짧은 기간의 예측은 무시할수록 좋다. 기본으로 돌아가야 한다. 알 수 없는 것에 집중하기보다 내가 투자한 기업이 잘되고 있나를 신경 쓰는 것이 낫다.

주식투자는 어려운 일이 아니다. 좋은 주식을 사서 오래 갖고 있으면 된다. 그런데 많은 이들이 주식투자에 성공하려면 마켓 타이밍을 예측하는 능력, 즉 기술이 필요하다고 생각한다. 그런 기술이 실제로 존재할 수 있을까? 환상은 일찌감치 깨는 게 좋겠다. 혹자는 마켓 타이밍이 신의 영역이라고 말하기도 한다. 인간이나 인간의 기술력으로는 풀 수 없는 문제라는 의미에서다. 개별 기업의 주가는 기업의 실적을 기본으로 시중의 유동 자금, 경기 상황, 투자자들의 심리 등 수많은 변수에 영향을 받으면서 수시로 움직인다. 어떤 변수가 어느 정도의 영향력을 행사할지에 대해서도 정해진 바가 없다. 그때그때 매매에 임하는 사람들이 받아들이는 정도가 다르기 때문이다.

마켓 타이밍은 애초에 불가능한 것이기에 그것은 곧바로 사고팔기를 반복하는 행위로 이어진다. 대부분이 주식을 사자마자 언제 팔까를 고민하고, 팔자마자 다른 주식을 기웃거린다. 소위 매매 타이밍을 노리는 것이다. 하지만 그렇게 해서는 절대 큰돈을 벌 수 없다. 일시적으로 수익이 날지는 모르지만 그 수익을 지킬 수가 없기 때문이다. 그래서 전설적인 투자자 앙드레 코스톨라니도 이런 말을 남겼다. "나는 장기적으로 성공한 단기투자자를 본 적이 없다."

투자는 사고파는 기술이 아니다

사고팔기를 반복하는 방식으로는 왜 큰돈을 못 벌까? 대부분의 사람은 자신이 투자한 회사들의 가치를 측정 하기보다 주가의 움직임에 감정적으로 대응한다. 조금 만 올라도 주가가 언제 방향을 바꿀지 몰라 불안해하며 얼른 팔아버린다. 또 조금만 떨어져도 더 떨어질까 걱정 한 나머지 손절매라는 이름으로 매도한다. 잠시도 컴퓨 터 앞을 떠나지 못하고 주가 움직임에 따라 일희일비한 다. 손해를 보면서 주식을 팔았다면 얼른 다른 주식을 사서 만회하려고 하고, 짧은 시간에 수익을 내고 팔았다 면 그 기세를 이어가려고 금세 다른 주식을 산다. 손해 를 봤든 이익을 봤든 감정적인 상태에서 계속 매매에 뛰 어들기 때문에 좋은 결과를 얻을 수 없다.

　나는 어떤 주식을 갖고 있을 때 주가가 하락하면 오 히려 좋은 매수 기회로 여긴다. 내가 주식투자를 하는 목저은 오랜 기간을 거쳐 높은 수익을 얻기 위함이지 단기적으로 10% 혹은 20%를 벌기 위함이 아니기 때문이다.

모니터 앞을 지키고 앉아 주가의 움직임을 따라가다 보면 감정을 이입하는 강도가 점점 더 세진다. 그래서 미래의 주가를 자기 보고 싶은 대로 보게 된다. 예를 들어, 사려고 마음먹은 주식이 있다면 모든 신호가 앞으로 오를 것을 보여주는 것처럼 여겨진다. 그 신호를 믿고 매수했지만, 이제는 모든 신호가 하락을 예고하는 것처럼 여겨진다. 주식을 매수함으로써 한 기업의 주인이 되었다는 뿌듯함은 전혀 느끼지 못한 채, 올라도 불안하고 내려도 불안한 마음뿐이다. 하지만 주식투자는 이렇게 불안한 일이 아니다. 수많은 지표로 매 순간 검증해야 하는 고된 일도 아니다. 그냥 시간이 내 편임을 믿고 가만히 기다리면 되는, 아주 쉽고 간단한 일이다.

흔히 간과하지만, 수수료와 세금 문제도 빼놓을 수 없다. 주식은 증권사를 통해서 매매하기 때문에 그 대가로 수수료를 내야 한다. 증권사마다 책정 기준이 다르기 때문에 일률적으로 말할 순 없지만, 가장 적은 곳이

0.015%이며 살 때와 팔 때 각각 낸다. 그리고 팔 때는 증권거래세 0.3%가 부과된다. 예를 들어 100만 원에 사서 100만 원에 판다고 해보자. 수수료 300원(살 때 0.015%, 팔 때 0.015%), 세금 3,000원을 제한 99만 6,700원이 계좌에 남게 된다. 주가가 하락해서가 아니라 순전히 사고파는 행위만으로 손해가 발생하는 것이다. 산 가격보다 떨어져 손해를 보고 팔 때조차 매도 수수료와 거래세가 면제되는 것도 아니다. 이 두 가지는 매매가 성사되면 무조건 빠져나가게 되어 있다. 하루에도 몇 번씩 사고팔기를 반복하는 사람은 이것 때문에라도 돈을 잃기 십상이다.

지금이 아니라 10년 후를 보라

한국에서 주식으로 수익을 올린 사람은 크게 두 부류라는 우스갯소리가 있다. 한 부류는 투자한 것을 깜빡 잊고 있다가 많은 세월이 흐른 후에 알게 된 경우이고, 또

한 부류는 장기간 이민을 갔다가 돌아온 경우라는 것이다. 실제 그런 예가 얼마나 되는지는 모르겠지만 시사하는 바가 적지 않다. 바로 주식투자는 장기로 해야 한다는 사실이다. 주식은 사서 오래 갖고 있어야 한다. 특별한 이유가 없다면 팔 필요가 없다. 어떤 경우는 평생 팔 필요가 없이 자식한테 그대로 물려줄 수도 있다.

주식을 사고파는 비율을 회전율이라고 하는데 내가 코리아펀드를 운용한 15년 동안 회전율이 연간 15%를 넘지 않았다. 다시 말해 한 번 주식을 사면 7~8년을 보유했다는 얘기다. 이유는 간단하다. 돈을 버는 건 장기투자만이 가능하기 때문이다. 회사가 잘되면 그 과실을 나눠 가진다는 단순한 이론이다. 매도를 결정할 때는 분명한 이유가 있어야 한다. 단순히 10%나 20%가 올랐기 때문에 파는 것은 좋은 투자방법이 아니다. 이유 없이 주가가 급등했다든지, 경영진이 이상한 행동을 했다든지, 더 좋은 투자대상을 발견했을 때가 아니라면 팔 이유가 없다.

많은 이들이 주식투자에 대한 철학을 갖지 못해 단기

적으로 투자를 하려고 한다. 그러나 앞으로 5년, 10년 혹은 20년 후가 중요하지 지금의 주식 가격은 의미가 없다. 좋은 주식은 짧은 기간에는 손해를 본다 하더라도 장기적으로는 오르게 되어 있다. 자본주의의 원리다. 내가 산 주식이 앞으로 5년, 10년 혹은 20년 후에 10배, 100배가 된다고 가정한다면 지금 10% 싸게 사거나 비싸게 사는 것은 전혀 중요하지 않다. 삼성전자, SK텔레콤, 삼성화재, 아모레퍼시픽 등은 과거 10~20년 동안 10~200배 오른 주식들이다. 10~20% 올랐다고 해서 팔아버렸다면 얼마나 낭패인가. 이런 종목들이 앞으로도 분명히 있을 거라고 본다. 다만 그 열매를 향유할 수 있는 건 장기투자자들뿐이다.

미래는 생각보다
훨씬 희망적이다

미래를 말하기 위해 과거 이야기부터 해보려 한다. 앞에서 잠깐 언급했듯이 나는 회계사로 사회생활을 시작하여 펀드매니저로 옮겨가면서 삶에서 큰 전환기를 맞이했다. 단순히 월급 꼬박꼬박 받아 저축하고 조직 내에서 승진의 계단을 밟아가는 것이 전부가 아니라, 세상에는 수많은 기회가 있다는 걸 알게 된 것이다. 특히 자본주의 사회에서 성공하려면 나의 노동력 외에 자본에게도 일을 시켜야 한다는 걸 알게 된 것이 가장 큰 성과였다고 생각한다. 그런 계기를 선사해준 곳이 바로 스커더 스티븐스 앤 클라크(Scudder Stevens and Clark)라는 회사였다.

한국의 저력을 믿고 출범시킨 코리아펀드

스커더사는 세계 최초의 자산운용회사로 알려져 있으며, 미국의 뉴욕증권거래소에 코리아펀드를 상장시킨 운용사다. 코리아펀드라는 아이디어를 처음 생각한 사람은 니콜라스 브랫(Nicholas Bratt)이라는 이름의 젊은 애널리스트였다.

우리는 그를 닉이라 불렀는데, 일본을 담당하던 그는 투자를 위해 일본을 자주 오갔다. 투자할 기업을 직접 방문하는 것 역시 스커더가 업계 최초로 세운 원칙이었다. 닉은 일본 기업들을 방문할 때마다 미래의 전망을 물어봤는데, 많은 일본 기업이 한국의 추격이 무서운 기세여서 걱정이라고 답했다 한다. 그런 답변을 듣고 한국에 대한 호기심이 생긴 닉은 한국을 잘 몰랐던 터라 즉시 비행기를 타고 한국으로 날아갔다고 한다. 1970년대 말 처음으로 한국을 방문해 대표적인 기업인 삼성전자, 포항제철 등을 방문하고 흥분을 감추지 못했다고 한다. 한국이 엄청난 보물이 될 것임을 직감한 그는 회사로 돌아가자마자 한국에 투자하는 펀드를 만들자고 제안했다.

당시로써는 엄청난 모험이었다. 캐나다에 투자하는 것조차도 위험하다고 생각하던 때이니 한국에 투자하자는 것은 상식을 뛰어넘는 제안이었다. 당연히 강한 반대에 부딪혔다. 하지만 그는 포기하지 않고 같이 한국에 가보고 결정하자며 경영진과 투자가들을 설득했다. 방문한 사람들은 한국을 다시 보게 됐고 코리아펀드를 출시하기로 결정, 드디어 1984년 뉴욕증권거래소에 상장했다.

나는 그로부터 7년 후인 1991년부터 15년 동안 코리아펀드의 펀드매니저로 일했다. 닉과 함께 전 세계를 다니면서 코리아펀드와 한국 주식시장을 소개했다. 88올

림픽 직후여서 많이 알려지긴 했지만, 세계인들에게 한국은 여전히 낯선 나라였다. "사우스코리아를 말하는 거냐, 노스코리아를 말하는 거냐"라고 묻는 사람도 있을 정도였으니 말이다. 하지만 우리 팀의 열성적인 설명으로 투자가들은 한국의 잠재력에 확신을 가졌고 많은 이들이 코리아펀드에 투자했다.

코리아펀드는 대성공을 거뒀고, 한국의 위상을 세계에 알리는 계기가 됐다. 1984년 상장 당시 600억 원이던 자산이 2005년 내가 코리아펀드를 사임할 당시는 1조 5천억 원 정도로 불어났다. 코리아펀드에 편입됐던 주식 중 삼성전자는 취득 가격이 1만 원대였던 것으로 기억한다. 지금은 100만 원도 훌쩍 넘겼으니 참으로 격세지감을 느낀다. 코리아펀드의 성공은 비슷한 성격의 펀드들이 탄생하는 데 하나의 모범이 되었다. 아르헨티나펀드, 타이펀드, 필리핀펀드 등 나라 이름을 딴 펀드가 많은데, 이는 코리아펀드의 성공이 아니었다면 불가능했을지도 모른다.

세계의 투자가들을 움직인 한국의 잠재력

나와 함께 세계 각국을 다니며 코리아펀드 투자 유치에 전념했던 닉, 그의 한국 사랑은 각별하다. 처음 한국을 방문했을 때, 길을 가다 몸을 부딪치고도 미안하다는 말 한마디 없이 그대로 갈 길 가버리는 한국인들에 대해 무례하다고 생각했다고 한다. 하지만 지금은 그것조차 좋게 생각한다. 얼마나 바빴으면 그랬겠느냐고 말이다. 한국이 그토록 빠른 경제 성장을 이룬 건 사람들이 그만큼 부지런하게 일한 덕이라고 이해하기 때문이다.

한국 사랑이 엄청난 또 한 사람이 있다. 스커더의 간판 펀드매니저였던 윌리엄 홀저(William Holzer)다. 나의 오랜 친구이기도 한 윌리는 자신이 운용하던 글로벌펀드에 일본 주식은 1%의 비중을 둔 데 비해 한국 주식은 7%나 담을 정도로 한국을 좋아했다.

그를 생각하면, 일본에 대해 오랜 토론을 벌였던 스커더에서의 회의시간이 떠오른다. 스커더에 입사한 지 얼마 되지 않았던 나는 시장을 보는 그들의 관점이 매우 독립적이고 창의적이라고 느꼈다. 당시는 대부분 사람이 일본에 대해 낙관적인 시각을 갖고 있던 시기였는데, 스커더의 투자 전문가들은 일본이 아주 장기간 어려울 것으로 내다봤다. 자산 규모로 세계 10대 은행을 일본이 독차지하고, 자동차 · 철강 등의 시장을 미국이 일본 회사들에 내어줄 때였던지라 나는 더욱더 의아했다. 특히 일본의 쇠퇴를 강하게 예견한 사람 중의 하나가 윌리였다.

윌리는 일본의 변화하지 못하는 국민성, 노령화, 수직적인 기업문화, 노동과 자본의 경직성 등을 들어 일본의 침체를 예견했다. 반대로 한국에 대해서는 무척 낙관적인 시각을 갖고 있었다. 역사적으로 많은 외침을 이겨낸 민족이자 교육의 중요성을 아는 민족, 다음 세대가 자신보다 잘되어야 한다고 생각하는 문화, 부지런하고 변화를 두려워하지 않는 국민성 등이 일본과 다른 점이라며 한국에 많은 애정을 갖고 있었다.

그의 예견대로 일본은 20년이 넘는 장기 침체를 경험

했다. 세계에서 가장 빠른 속도로 노령화가 진행됐으며, 부동산과 주식 가격이 폭락하면서 경제적인 타격을 입었다. 무엇보다 금융에 대한 이해도가 떨어지고 중요성을 알지 못했기에 자산 대부분이 은행 예금으로 갇혀 있었다. 여기에 교육 시스템도 문제를 더했다. 영어 단어 잘 외우고 수학 문제만 잘 풀면 출세한다는 고정관념이 뿌리 깊어서 참신한 인재를 기르는 데 실패했다. 환경이 빠르게 바뀌어갔지만 일본인들은 변화를 받아들이지도, 이끌지도 못했다. 도리어 안전제일주의 심리가 더 강해져 침체기간을 연장했을 뿐이다.

최근 들어 한국이 일본을 닮아가는 것 아니냐고 걱정하는 사람들이 많아졌다. 정말 한국의 전망은 일본의 지난 20년과 같이 어두울까? 정말 고민해볼 필요가 있다. 하지만 분명한 것은, 한국은 20년 전 일본에 비해 훨씬 유리한 위치에 있다는 것이다. 우리보다 20년 일찍 침체를 경험한 일본의 사례를 교훈 삼을 수 있기 때문이다. 일본이 하지 못한 것들을 잘 연구하면 한국은 일본이 겪었던 침체를 피하거나 줄일 수 있다.

한국의 미래는 밝다

나는 미국에서 코리아펀드를 운용하던 당시와 마찬가지로, 한국의 미래에 대해 조심스럽지만 낙관적인 시각을 가지고 있다. 한국은 일본과 지리적으로는 가깝지만 국민성과 문화 측면에서 상당히 다르다. 일본은 변화를 두려워하고 창의적인 생각을 하지 못하는 문화가 한국에 비해 훨씬 심하다. 일본의 오랜 고질병이라고 할 정도다. 젊은 사람들도 예외가 아니다. 진취적인 생각으로 새로운 영역에 도전하기보다는 부모가 물려준 재산으로 적당히 편안하게 살려는 경우가 많다고 한다. 일본에서 대를 이어 장사하는 식당을 소개해주는 프로그램을 종종 보곤 한다. '3대 초밥집', '5대 우동집' 등이다. 그런데 대를 잇는다는 게 꼭 자랑할 일만은 아닌 것 같다. 장인정신도 좋지만 부모의 직업을 다음 세대가 물려받는다는 것이 썩 바람직한 일은 아니기 때문이다. 다음 세대는 이전 세대보다 진화해야 한다. 부가가치가 높은 방향으로 말이다. 일본이 앞으로도 별로 희망적이지 않은 이유가 이처럼 젊은이들의 도전정신이 낮기 때문이다. 미국이나 중국과 비교해 일본에서는 혁신적인 기업이 나오지 않는 이유이기도 하다.

앞으로의 세계경제는 우리가 과거에 경험하지 못한 환경으로 바뀌어갈 것이다. 예컨대 이베이(eBay)나 페이팔(PayPal) 등은 과거에는 전혀 생각하지 못했던 기업들이다. 인터넷의 힘을 빌려 기존의 불합리함이나 불편함을 해소함으로써 부가가치를 창출한 기업들이고, 앞으로도 이런 기업은 엄청나게 많이 탄생할 것이다. 한국은 자타가 공인하는 인터넷 강국이며, 첨단 제품을 내놓는 세계적 기업들이 눈독 들이는 얼리 어답터의 천국이다. 새로움을 좋아하고 변화를 빠르게 받아들이기 때문에 앞으로의 환경에서 한국은 어느 나라보다 유리한 위치에 설 것이다.

또 중국이라는 거대한 시장이 인접해 있다는 점도 한국으로서는 커다란 행운이다. 중국을 잘 이해하고 시장으로 활용한다면 한국에는 엄청난 기회가 있다. 한국의 많은 제조업이 중국 때문에 경쟁력을 잃겠지만 막강한 소비력을 가진 나라가 옆에 있다는 것은 분명히 큰 기회다. 경쟁력이 없는 제조업 분야를 중국에 넘겨주는 것은 불가피하겠지만, 그 대신 서비스 업종에서는 무궁무진한 성장을 기대할 수 있다. 한국이 금융산업을 비롯해 서비스 업종을 강화해야 하는 이유가 여기에 있다. 금융업으로부터 생기는 부가가치는 아무리 강조해도 지나치지 않다.

여기에 북한이라는 변수도 있다. 우리나라가 언젠가는 통일이 될 것이다. 지금은 외국인들이 북한 때문에 한국에 투자하기를 주저하지만, 통일이 된다면 무한한 가능성이 열릴 것이다.

한국의 높은 교육열 또한 한국이 계속 경쟁력 있는 국가가 되게 하는 원동력이다. 다만 그 열정을 주입식·암기식 교육에 낭비하지 말고 국가 경쟁력을 높이는 방향으로 전환해야 한다. 단순히 높은 점수를 받는 교육은 경쟁력을 높이지 못한다. 똑똑한 젊은이들이 평범하고 편안한 삶에 안주하기보다는 창업을 해서 큰 부를 이루고자 하는 욕망을 품도록 교육해야 한다. 한국에서도 앞으로 세계적인 혁신기업이 나올 수 있도록 풍토를 조성해야 한다. 생각의 전환이 필요하고, 젊은이들 또한 취직만을 목표로 삼는 고정된 생각의 박스에서 나와야 한다. 박스에서 나와야만, 취직 못 하는 것이 인생의 끝이 아니라는 것을 깨닫게 된다.

외국의 펀드매니저들이 특정 국가의 경쟁력과 잠재력을 측정할 때 흔히 쓰는 방법이 있다. 그 나라의 대학생들에게 앞으로의 포부에 대해 질문해보는 것이다. 대학생들 대부분이 편안하고 안정적인 직업만을 고집한다면, 투자자 입장에서는 그 나라에 투자를 꺼리게 된다. 리스크를 감수하기 싫다는 것은 부의 창출에 관심이 없다는 것과 마찬가지이기 때문이다. 올바른 투자철학을 가진 펀드매니저라면 학생들이 보다 역동적이고 부의 창출에 관심이 많은 나라에 투자하는 것이 당연할 것이다.

다행히 최근 우리 청년들이 창업해서 성공했다는 기

사를 많이 보게 된다. 대기업 일색이던 희망 진로에서 중소기업을 선택하는 이들도 많아졌다 하니 그 또한 반가운 소식이다. 나는 청년들에게 창업을 우선 고려하되, 이왕 직장에 들어가겠다면 대기업보다 중소기업으로 눈을 돌리라고 조언해왔다. 체계가 잘 갖춰진 대기업보다는 중소기업에서 창업에 도움 되는 경험을 다양하게 할 수 있기 때문이다. 한국의 미래는 이러한 젊은이들이 얼마나 많으냐에 달려 있다.

한국 주식시장은
아직 **매력적**이다

나는 장기적으로 한국 주식시장에 대해 낙관적으로 평가한다. 한국의 미래를 희망적으로 본다는 것이 가장 기본적인 전제사항이다. 나는 당장 올해 주식시장이 어떻게 될지, 내년엔 어떻게 될지에 대해서는 알지도 못하고 관심도 없다. 다만 장기적으로 볼 때 한국 주식시장은 여전히 매력적이라고 본다. 그런 믿음이 있기에 나와 우리 가정의 미래 대비를 주식으로 하고 있음은 물론, 우리 직원들을 비롯하여 만나는 사람 누구에게나 주식에 투자하라고 적극 권하는 것이다. 나의 낙관론에는 다음과 같은 몇 가지 분명한 이유가 있다.

첫째는 경쟁자가 적다는 점이다

주식투자를 도박으로 여기고 주식에 손대면 패가망신한다는 사람이 많은 현재 상황은 역설적으로 투자하기에 좋은 환경임을 나타낸다. 경쟁자가 적기 때문이다. 매일 쏟아져 나오는 우리 경제에 대한 매스컴의 부정적인 뉴스들 또한 마찬가지다. 그런 뉴스를 접한 사람들은 주식투자로부터 멀어진다. 단기간의 불안한 심리 탓에 먼 훗날의 일을 생각하지 못하는 것이다.

하지만 지금까지 누차 강조했듯이, 평범한 사람이 부자 될 길은 주식 외에는 없다. 선진국처럼 자본주의에 대한 이해도가 점차 높아지면 보다 많은 이들이 주식을 보유하여 자본가가 되려 할 것이다. 주식시장으로 몰리는 사람이 많아질수록 주가는 당연히 올라간다. 또한 저금리 기조가 지속되고 있기에 주식투자가 유일한 부의 창출 기회라고 인식될 것이다.

공적 기관인 국민연금공단은 국내 주식시장에서 시가총액 기준 6~7%의 점유율을 보이고 있다. 2016년 1분기 한국 증시 시가총액이 약 1,300조 원이므로 80조 원가량을 투자하고 있는 셈이다(국민연금의 적립금 중 비중은 약 20%). 국민연금 역시 자본을 운용할 투자처가 한정되어 있으므로 국내든 해외든 주식투자는 계속할 수밖에 없다. 여기서 봐야 할 것은 늘어가는 적립금의 액수다. 공단의 발표에 따르면 국민연금 적립금은 2015년에 최초로 500조 원을 돌파했고, 이후 급속히 증가하여 2040년에는 2,500조 원에 이를 것이라고 한다. 그러므로 국민연금이 주식 비중을 지금처럼 유지하기만 해도 2040년까지 투자액이 5배나 늘어난다는 얘기다.

여기에 각 기업의 퇴직연금까지 가세하면 주가 상승의 속도는 더해질 것이다. 고용노동부에서 내놓은 '2015년 퇴직연금 주요동향'을 보면, 실제로 DC형 가입자가 꾸준히 증가하고 DB형은 소폭 감소하는 추세라

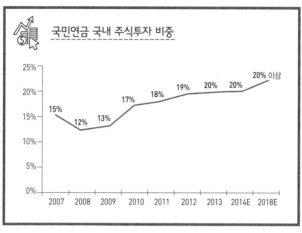

국민연금 국내 주식투자 비중

연도	비중
2007	15%
2008	12%
2009	13%
2010	17%
2011	18%
2012	19%
2013	20%
2014E	20%
2018E	20% 이상

자료: 국민연금공단

고 한다. 1년 동안 0.5%p에 불과한 변화이긴 하지만, DC형으로 전환해야 한다고 생각하는 사람이 늘고 있다는 것은 고무적인 일이다. 미국이 401(K)를 도입하고부터 미국 주식시장은 안정되게 성장해왔다. 한국도 미국의 1980년대 초와 같은 시기에 와 있는지도 모른다. 그러므로 지금 주식을 보유하고 있는 사람들, 주식투자를 시작하는 사람들은 남보다 일찍 부자가 될 수 있다는 얘기다. 과거 기준의 대기업들은 앞으로 힘들어질지 모르지만, 새로운 부가가치를 창출해내는 기업들이 꾸준히 탄생할 것이고 그런 기업들이 한국의 미래를 짊어질 것이다.

둘째는 주가가 비싸지 않다는 점이다

주가수익비율(PER)이나 주가순자산비율(PBR) 등을 보면, 국내 상장사들의 주식 가격은 회사 가치에 비해 쌀 뿐 아니라 다른 나라 동 업종의 회사들과 비교해도 저평가되어 있다. 다른 나라들의 증시에 비해 한국 증시가 오랫동안 소외되어왔기 때문이다.

한국에는 투자하고 싶은 회사들이 얼마든지 있다. 기술력과 성장성이 뛰어남에도 단지 한국 주식이라는 이유로 지금의 가격대를 유지하고 있는 주식들이 많다. 다만 산업에서 패러다임이 변화하는 것을 눈여겨볼 필요는 있다. 부가가치가 높은 산업이 무엇일까에 대해 고민해보아야 한다. 과거의 상식과 다른 현상이 나타나는 곳에 주목해야 한다. 인터넷의 발달, 그리고 중국의 출현 등이 한국 기업들에 많은 영향을 줄 것이기 때문이다.

앞으로는 과거에 알던 회사들과는 전혀 다른 형태의 회사들이 출현할 것이다. 소품종 대량생산으로 돈을 벌던 회사들은 중국 기업의 출현으로 경쟁력을 잃어갈 것이다. 과거의 좋았던 시절에 연연하면 안 된다. 대부분 나라에서 인구의 고령화가 진행되면서 산업구조가 변화할 수밖에 없기에 생산시설에 많은 투자를 했던 기업들은 매출의 감소로 어려움을 겪을 것이다. 예컨대 사람들은 규모가 큰 주택보다는 작은 공간을 선호할 것이고, 소유하기보다는 공유하는 경제가 활성화될 것이다. 실제로 교통중개 서비스 회사인 우버(Uber), 숙박공유 서비스 회사인 에어비앤비(Airbnb), 카쉐어링 회사인 집카(Zipcar) 등이 등장해 이미 어마어마한 시가총액을 유지하고 있다.

또한 매출액이나 총자산 규모가 더 이상 중요하지 않게 될 것이다. 그보다는 시가총액 규모가 훨씬 중요하다. 단순히 과거처럼 매출액 규모나 총자산 규모가 시가총액을 결정하지 않고 혁신적인 기업들만이 시가총액의 증가를 가져올 것이다. 알파벳(구글의 지주회사)과 애플이 세계에서 가장 큰 시가총액을 기록하고 있는데, 앞으로 해외뿐만 아니라 국내에서도 그런 기업들이 많이 나올 것으로 기대된다. 우리는 그런 기업들을 찾기 위해 노력해야 한다.

셋째는 주식시장이 안정됐다는 점이다

세계 투자자들이 투자 방향을 결정할 때 참조하는 2대 투자 지표로 FTSE와 MSCI라는 것이 있다. FTSE는 주로 유럽계 펀드, 그리고 MSCI는 주로 미국계 펀드 운용에서 벤치마크로 사용된다. 양 지수를 추종하는 자금 규모는 각각 4,000~6,000조 원 정도다. 한국 주식시장은 2009년에 FTSE 선진시장에 포함되었고, MSCI에서는 신흥시장에 속한 상태이며 선진지수 편입을 위해 노력하고 있다.

이런 지수들에 한국 주식시장이 편입되었다는 것은 어떤 의미일까?

첫째로, 주식시장의 안정성이 높다는 것을 국제적으로 인정받았다는 점이다. 한때는 '미국이 기침을 하면 한국은 독감에 걸린다' 라는 말이 있을 정도로 경제 전반, 특히 증시에서 미국의 영향을 많이 받아왔다. 약간의 상승 기류를 보이다가도 미국 증시가 하락하면 국내에 별다른 이슈가 없음에도 동반 하락하곤 했다. 하지만 이제는 우리 증시도 나름대로 체력을 다졌고, 미국에 대한 경제적 의존도도 중국 등으로 많이 분산되었다. 또한 한국거래소도 주식시장 안정화 장치를 다양하게 마련하여 선진 투자문화가 정착되도록 노력하고 있다.

둘째로는 외국 투자자금이 국내 주식시장에 더 많이 들어온다는 점이다. 우리나라가 FTSE 선진지수에 편입된 효과로 외국인 자금 20조가 유입되었다는 조사 결과가 있다. 앞으로 MSCI 선진지수에 편입된다면, 현재의 신흥시장 지수를 추종하는 자금에서 이탈이 발생한다 해도 외국계 자금이 순유입될 것으로 보고 있다.

한국이 앞으로 경쟁력을 더욱 높여가려면 서비스 업종, 특히 금융 분야를 발전시키는 것이 정말 중요하다. 금융산업의 발전 없이는 진정한 의미의 선진국이 되지 못하기 때문이다. 금융산업은 부가가치가 가장 높은 분야로 청년들이 희망하는 고소득의 일자리를 만들어내는 산업이다.

특히 한국 주식시장이 계속 발전하려면 일본과는 다른 생각 및 정책이 필수적이다. 일본은 제조업만 강조하고 금융에 대한 이해가 부족했기에 과거 20년 동안 허송세월했다고 생각한다. 한국도 과거에는 제조업, 특히 수출 분야에 집중해왔기 때문에 금융회사의 경쟁력이 다른 나라에 비해 많이 뒤떨어져 있다. 금융회사의 경쟁력을 키우는 데 제일 중요한 것은 전문가들을 많이 양성하는 것이다. 한국은 OECD 국가 중 교육비 비중이 으뜸인 만큼 박사 학위 소유자의 비율도 높다. 그 인재들을 국가 경쟁력을 높이는 데 활용해야 한다. 진입장벽을 낮춰 경쟁력 있는 사람들을 금융업으로 끌어들여야 한다. 이를 통해 다양한 형태의 금융회사들이 출현해야 하고, 정부는 간섭을 최소화해야 한다.

또한 외국 자본에 대한 국수적인 시각을 버려야 한다. 외국 금융기관들이 한국에서 돈을 벌어갈 기회를 많이 주어야 한다. 그들이 돈을 벌어가는 대신, 한국은 많은 금융업 전문가들을 육성할 수 있다. 해외 금융기관들이 많이 진출해 있는 홍콩이나 싱가포르가 좋은 예다. 전문가들 없이는 고객의 신뢰를 얻을 수 없다.

금융 경쟁력을 키우는 것은 더 미룰 수 없는 과제이고, 정부에서도 이를 인식하여 다방면으로 애를 쓰고 있다. 그 성과가 점차 나타나면서 우리 주식시장도 한 단계씩 레벨업될 것이다.

한국이 가진 강점과 과제를 고려할 때 나는 한국 주식시장을 낙관적으로 본다. 다만 시장이 회복되더라도 모든 종목이 일제히 오르는 과거와 같은 일은 되풀이되지 않을지 모른다. 산업이 다양하게 진화되었고 인터넷의 발전으로 생산성이 높아졌으며 과거에는 상상하지 못했던 기업들이 탄생하고 있다. 미래에는 어떤 기업들이 경쟁력이 있을까를 연구하고, 그런 기업들의 주식을 사서 오랜 기간 갖고 있어야 한다. 한국의 미래와 개인 들의 노후가 여기에 달려 있다.

4장

주식투자에
성공하는 비결

BUY STOCK, BUY FUTURE

올바른
투자 철학을 갖추라

이 책을 여기까지 읽은 당신은 이제 주식투자는 피해야 하는 대상이 아니고, 꼭 해야 하는 대상으로 인식하게 되었을 것이다. 많은 사람이 내게 질문을 한다. 주식투자가 필수라는 걸 알게 되었다 해도 막상 어떻게 해야 할지를 모르겠다며, 구체적인 방법을 알고 싶다는 것이다.

나는 주식투자는 기술이 아니고 철학이라고 생각한다. 처음 투자에 나선 사람들에게는 어떻게 투자에 임할 것인지에 대한 기본적인 자세가 꼭 필요하다. 자신의 확고한 원칙이 없으면 주가가 움직이는 데 따라 갈팡질팡하다 큰 손실을 입게 되기 때문이다. 내가 주식투자에 대해 처음 배운 것은 스커더에서 펀드매니저로 일하면서부터였다. 정말 내가 운이 좋았다고 생각하는 한 가지가 처음부터 올바른 투자 철학을 가질 수 있었다는 점이다.

내가 스커더에 입사한 1991년, 미국 사회는 걸프전 여파로 무척 혼란스러운 분위기였고 주식시장도 마찬가지였다. 계속되는 불경기와 불안감에 투자자들은 펀드에서 투자금을 회수했고, 주식시장의 변동성도 무척 높았다. 이후 10년간에 걸친 미국 증시의 랠리는 그런 공포 분위기 속에서 시작됐다. 1991년 1월 2700포인트대 였던 다우지수가 1999년 말 1만 1400포인트대까지 무섭게 상승한 것이다.

그런 상황이었기에 주식으로 한몫 잡겠다는 사람이 많았다. 또한 많은 사람이 이전의 하락세가 반복될까 두려워 주식을 오래 보유하지 못했고, 조금만 올라도 팔아

치웠다. 하지만 스커더에는 주식투자에 대해 뚜렷한 철학이 있었다. 첫째가 주식은 사고파는 기술이 아니라는 것이었고, 둘째가 마켓 타이밍은 잘못된 투자 방법이라는 것이었다. 그 철학을 고수한 덕분에 우리는 미국 증시의 역사적인 상승기를 유감없이 누릴 수 있었다.

철학이 없으면 성공하지 못한다

주가는 끊임없이 움직인다. 주식시장은 기업의 실적만이 아니라 경제 · 정치 · 문화 등 사회 전반의 일들이 반영되는 곳이기 때문이다. 인접 국가는 물론이고 지구 반대편에 있는 나라에서 발생한 일들로 인해서도 주가가 요동친다. 더욱이 같은 현상에 대해서도 시장 참가자들이 어떻게 받아들이느냐에 따라 주가가 정반대로 움직이기도 한다. 그 모든 것을 분석하여 주가의 향방을 예측하겠다고 하는 것은 거의 오만에 가깝다고 할 수 있다.

어떤 주식을 언제 사고 언제 팔 것인가에 대한 자신의 기준이 있어야 한다. 자기 기준이 없을 때는 성공하기보다 실패할 확률이 월등히 높은데, 그것은 다음과 같은 이유들 때문이다.

첫째, 남의 말에 휘둘리기 쉽다는 점이다. 사람들을 만나다 보면 이런 질문을 자주 받는다. "석 달 전에 산 주식이 20%나 떨어졌는데 이걸 팔아야 할까요, 계속 가지고 있어야 할까요?" 나는 그 주식을 살 때 기준이 무엇이었느냐고 되묻는다. 그러면 대개가 '증권사 전문가가 추천해서', '친구가 좋은 주식이라 해서', '사람들이 많이 사길래' 등의 대답을 한다.

나는 이해할 수가 없다. 시장에 가서 1만 원짜리 수박한 통을 살 때도 괜히 이쪽저쪽 두드려보고 꼭지가 마르진 않았는지도 봐가며 신중히 고르면서, 몇백만 원어치 주식을 살 때는 '누가 좋다고 하니까' 라는 이유로 결정해버리는 것이다. 소중한 돈을 투자하면서도 이렇게 요행을 바라는 심리를 나는 도무지 이해할 수가 없다. 혹시나 하며 매수 보너스를 사는 것과 무엇이 다른가.

둘째, 욕심을 제어하기 어렵다는 점이다. 우리는 누구나 부자가 되고 싶어 하며, 그것은 비난받을 만한 일이 아니다. 그런데 기준 없이 주식투자를 하다 보면 욕심이 과해지기 쉽다. 며칠에 몇백만 원을 벌었느니 몇백 프로 수익률을 기록했느니 하는 무용담을 간간이 듣는다. 사실 그것이 가능한 곳이 주식시장이기도 하다. 하루 상승 제한폭이 30%이니 사흘 연속 상한가면 원금의 2배가 넘는다. 3일 만에 100% 이상의 수익률이 나오는 것이다.

하지만 나는 그 수익을 지키는 사람을 지금까지 한 명도 못 봤다. 오히려 단기 수익률에 취해 나쁜 투자습관이 고착됨으로써 끝내 재기하지 못한 사람은 여럿 봤다. 하루 상승폭만 30%인 것이 아니라 하락폭도 30%이므로, 하한가 두 번이면 원금의 절반 이하가 된다. 며칠 만에 큰 수익이 나면 그것이 자신의 '실력' 덕이라고 믿지만, 그런 이변이 계속되지는 않는다. 결국 잦은 매매와 미수 사용으로 빈손으로 주식시장을 떠나게 된다.

셋째, 늘 불안해한다는 점이다. 자신의 기준을 가지

고 기업을 분석했다면 그 기업이 성장을 계속하는 한 보유하고 있으면 된다. 지금 당장 팔 것이 아니기 때문에 오늘 몇 프로 올랐는가는 별로 중요치 않다. 주가가 하락하면 지분을 늘릴 기회가 되므로 오히려 좋은 일이다. 하지만 남의 추천이나 차트만 보고 주식을 샀다면 판단을 할 수가 없다. 주가가 오르면 오르는 대로, 떨어지면 떨어지는 대로 늘 불안하다. 그래서 몇 프로 오르면 '수익실현' 한다고 팔아버리고, 몇 프로 내리면 '손절매' 한다고 팔아버린다. 그것이 주식투자라고 생각하는 이들은 10년이 지나면 수수료로 인해 대부분의 자산이 없어질 가능성이 크다. 그냥 가지고 있었다면 원금의 몇 배는 되었을 가능성이 있는데도 말이다.

이처럼 철학이 없는 투자는 도박과 마찬가지의 결과를 낳는다. 짧은 순간의 흥분과 스릴을 만끽할지는 몰라도 노후에는 가난 속에 연명해야 한다. 게다가 주식으로 손해를 본 사람들은 자식들한테도 절대로 주식에 손대지 말라고 가르친다. 자식이 부자 될 길까지 막아버리는 것이다. 이 얼마나 무서운 결과인가.

주식투자는 기업을 사는 것이다

전 세계적으로 주식시장이 요동치고 있다. 매일 쏟아져 나오는 뉴스를 보면 절망적인 내용들이 많다. 미국의 금리 인상, 유럽의 경제위기 지속, 중국의 성장률 둔화, 오일 가격 변동과 국가 간 환율 전쟁 등 한 가지도 간단한 일이 없다. 하지만 지금과 같은 변동성이 현재에만 있는 것은 아니다. 1990년대 말 외환위기나 2008년의 미국발 금융위기 때도 주식시장은 요동쳤고, 앞으로도 반복될 것이다. 하지만 자본주의 체제가 존재하는 한 주식시장은 반드시 필요하고, 경제가 성장할수록 주가도 상승하게 되어 있다.

언론이나 일부 증권 전문가들은 지수가 조금만 상승해도 주식시장에 다시 호황이 왔다고 했다가 지수가 조금만 하락하면 비관적 전망을 쏟아내면서 호들갑을 떨곤 한다. 하지만 투자 철학이 뚜렷하다면 단기적인 주가 변동에 잠 못 이룰 필요가 없다. 회사들의 본질적 가치는 며칠 혹은 몇 달 만에 바뀌는 것이 아니기 때문이다. 회사는 똑같은데 주식 가격만 다를 뿐이다. 그러니 투자자로서 우리는 올바른 철학을 가지고 시장에 참여하기만 하면 된다.

주식투자는 사서 오래 들고 있는 것이지 사고파는 기술이 아니다. 주식을 사는 것은 회사의 일부분을 소유하는 것이다. 투자한 회사의 직원들이 열심히 일해서 내게 돈을 벌어다 주는 것이지 내가 주식을 사고팔아서 돈을 버는 것이 아니다. 내가 해외 투자가들에게 가서 한국 주식 마케팅을 할 때마다 꼭 쓰는 말이 있다. "We buy companies, not shares." 우리의 투자 철학은 증권이라는 종이를 사는 것이 아니라 회사의 일부분을 사는 것이라는 의미다.

기업은 주식시장을 활용함으로써 저렴한 비용으로 사업 운용 자금을 조달할 수 있고, 투자자들의 이익을 극대화하기 위해 노력하는 과정에서 자연스럽게 기업지배구조도 개선시킬 수 있다. 주식에 투자함으로써 개인은 기업이 창출하는 이익을 공유히여 노후를 준비할 수 있다. 게다가 내가 직원으로서 내 회사 주식을 많이 보유하고 있다면, 일을 대하는 태도가 적극적으로 변하기에 업무 효율성도 올라간다. 아무리 열심히 일해도 월급은 안 오른다고 불만을 가지기보다는 회사의 주인이 되고 싶다는 욕심을 키워야 한다. 내가 회사의 작은 주인이라면 나와 내 옆에 있는 동료가 일을 열심히 할수록 신이 날 것이다. 회사가 잘될수록 내게 돌아오는 이익이 커지기 때문이다. 그것은 단순히 나를 먹여 살리는 회사에 대한 봉건적인 충성심이 아니다. 일종의 주인의식이다. 이 주인의식은 맹목적 충성심과 달라서 배반당할 일이 없다. 또, 갑자기 해고통지서가 날아들더라도 무섭지 않을 것이다. 내가 회사를 떠나더라도 남아 있는 사람들이 여전히 나를 위해 일해줄 것이기 때문이다.

전설적인 투자자 워런 버핏이 질레트 주식을 매수한 뒤 "매일 밤 잠자는 동안 수염이 자라는 남자가 25억 명이나 있다는 생각을 하면 힘이 난다"고 했다는 얘기를 한 번쯤은 들어봤을 것이다. 주식투자는 이처럼 기쁜 일이다. 주식을 보유하고 있다면 삼성의 노트북 또는 현대의 자동차나 애플의 아이폰이 팔릴 때마다 내 부도 늘어나기 때문이다. 사업자의 마음으로 주식을 사고, 동업자의 마음으로 그 기업의 성장을 지켜봐야 한다.

좋은 기업은
이렇게 고르라

기업이 운영을 잘해서 해마다 성장한다면 오래도록 살아남는 기업이 될 것이고, 운영을 잘 못해서 쇠퇴한다면 머지않아 역사의 뒤안길로 사라질 것이다. 10년 이상 장기로 해야 하는 주식투자에서는 망할 기업인가 아닌가가 가장 중요하다. 그리고 그다음이 성장성이다. 주식의 가격은 기본적으로 기업의 가치를 반영한다. 단기적으로는 주가가 기업의 가치를 그대로 반영하지 않는다고 하더라도 장기적으로는 기업의 가치로 수렴한다. 오래도록 살아남는 기업, 내가 기꺼이 동업할 수 있는 기업은 어떻게 찾을 수 있을까?

막상 어떤 주식을 살 것인가를 결정하려고 보면 쉬운 일이 아니다. 주식은 절대 생각처럼 움직이지 않기 때문이다. 오랜 경험이 있는 펀드매니저들도 당신과 똑같은 고민을 한다. 명심할 것은 당신이 전문지식을 갖고 있는 펀드매니저와 비교해 절대 불리하지 않다는 사실이다. 사람들은 흔히 펀드매니저들이 개인보다 정보를 많이 갖고 있어서 주식투자를 하는 데 유리할 것이라는 편견을 가지고 있다. 하지만 요즘 세상에는 정보가 너무 많아서 문제이지, 부족해서 문제가 되지는 않는다. 정보의 유무보다 좋은 투자 철학을 갖고 있느냐가 훨씬 중요하다.

주식을 고르는 것은 나의 은퇴를 도와줄 수 있는 동업자를 구하는 것과 같다. 동업자를 구할 때 쓸데없는 정보는 필요 없다. 꼭 필요한 정보가 그 회사의 장래와 전략 등인데, 이런 정보는 인터넷에서 충분히 구할 수 있다.

우리가 투자해서 성공한 예를 들어보겠다. 몇 년 전 우리 투자팀은 엄청난 수의 관광객이 한국을 방문하는 것에 주목했다. 특히 중국 관광객들에게 화장품이 엄청난 인기를 누린다는 걸 알고, 한국 화장품 회사 중 대표적인 회사인 아모레를 매집했다.

당신은 우리가 이 주식을 선택한 것이 특별한 노하우가 있었기 때문이 아님을 알 것이다. 당신도 충분히 예측할 수 있지 않은가? 주식투자는 이렇게 하는 것이다. 장기적인 성장성을 보고 동업을 할 만한가를 판단하면 된다. 다만 자산운용사 소속으로서 우리 팀이 일반 개인 투자자보다 유리한 것은 회사를 방문하는 일이 수월하다는 정도다.

경영진 분석이 가장 중요한 요소다

어떤 주식을 사고자 할 때 가장 중요한 요소가 경영진의 자질이다. 기업은 구성원 모두의 노력으로 성장해가지만, 성장의 정도나 방향에 가장 큰 영향력을 미치는 것은 경영진이기 때문이다. 신규 사업으로 진출하거나 기존 사업을 확장하는 등의 중대 결정을 내리는 이들이 바로 경영진이다.

우리 회사에서는 투자기업을 판단할 때 경영진의 질을 가장 중요시한다. 투자를 결정하기 전 반드시 기업을 방문하여 경영진을 만난다. 동업자의 돈을 들고 도망갈 사람들은 아닌지, 회사를 운영할 능력은 갖췄는지, 앞으로 5년 이상 돈을 버는 데 문제가 없는지 등을 냉정하게 분석한다. 배임이나 횡령 등 도덕상의 문제가 발생하면 그 기업을 신뢰할 수 없다. 이런 일은 당연히 주가에 악영향을 주지만, 그 이전에 동업자를 선택한다는 나의 투자 철학에 반하기 때문이다.

또 경영진의 자사주 매매 상황은 주가에 엄청난 파급력을 가져온다. 특히 고점에서 대규모 매도가 이뤄지면, 아무리 탄탄한 기업이라 해도 주가 상승이 이어질 수 없다. 경영진이 주식을 대규모로 매도한다는 것은 자기 회사의 전망이 좋지 않다는 것을 인정하는 행위이기 때문이다. 회사가 앞으로도 계속해서 성장할 것으로 본다면 계속 보유하지 왜 내다 팔겠는가. 이에 비해 경영진이 자사주를 꾸준히 사 모으는 곳도 있다. 이런 회사는 주가도 꾸준히 오른다. 회사를 키우겠다는 의지, 전망이 밝다는 시그널을 투자자들에게 보여주기 때문이다.

기본적인 지표를 통해 기업의 가치를 판단하라

경영진 분석을 마쳤다면 그다음 고려 사항은 주식의 가격이 매수하기에 적정한지에 대한 판단이다. 그 판단은 회사의 미래를 어떻게 예측하느냐에 달려 있고, 가장 어려운 부분이다. 적정선을 판단하기 위해 쓰이는 용어가 있는데, 그 용어들이 어떻게 사용되는지 기초적인 상식을 갖춰야 한다. 전문가들이 사용하는 용어도 여기에서 크게 벗어나지 않는다.

기업을 분석할 때 자주 쓰이는 몇 가지 지표를 소개하겠다. 기업 홈페이지나 HTS의 기업 개요를 보면 분기 별로 수치가 업데이트되기 때문에 아마도 직접 계산할 일은 별로 없을 것이다. 하지만 그 수치는 지난 분기의 것이므로 조금이라도 최근 시점의 상황을 파악하고 싶다면 직접 계산해야 한다. 계산도 그다지 어렵지 않다. 어쨌든, 각 지표가 어떤 의미인지는 알고 있어야 기업이 좋아지고 있는지 나빠지고 있는지를 파악할 수 있다.

한국 주식시장에는 2016년 현재 약 1,800개의 기업이 상장되어 있다. 그중 다음과 같은 지표에서 합격점을 받는 기업이어야 투자 대상으로 적합하다 할 수 있다.

● EPS(Earning Per Share, 주당순이익)

당기순이익을 발행주식 수로 나눈 것이다. 기업이 1년 동안 영업을 해서 벌어들인 돈이 1주당 얼마인가를 나타낸다. 예를 들어 1년 순이익이 100만 원이고, 주식 수가 10,000주라면 EPS는 '100'이 된다. EPS가 높다는 것은 그만큼 기업이 돈을 잘 벌었다는 뜻이다. 최근 몇 분기 동안 EPS가 꾸준히 늘어났다면 실적이 일회성이 아니라 계속 좋아지고 있다고 볼 수 있다.

● PER(Price Earnings Ratio, 주가수익비율)

기업의 현재 주가를 주당순이익(EPS)으로 나눈 것이다. 주가를 기업의 수익성 측면에서 판단하는 지표다. 예를 들어 주가가 1만 원인 기업의 주당순이익이 2,000원이라면 PER은 '5'가 된다. 다시 말해 이 기업의 주식은 주당순이익의 5배에 팔리고 있다는 뜻이며, 투자 원금을 회수하는 데 5년 정도가 걸린다고 볼 수도 있다.

PER은 대체로 낮을수록 좋지만, 같은 업종 내에서 비교하는 것이 의미가 있다. 성장성이 높은 업종이라면 현재 거둬들이는 이익에 비해 주가가 높게 형성되기도 하기 때문이다. 성장성이 높은 기업들은 PER이 30 혹은 40에 거래될 때도 있다. 예를 들어 헬스케어 주식들이 높은 PER을 유지하는 경우가 있는데, 그 이유는 성장성이 높기 때문이다. 단순히 PER이 높다는 이유로 비싸다고 판단하면 곤란하다. 성장성이 반영되어 높은 PER을 유지하는 것이다.

● PBR(Price on Book-value Ratio, 주가순자산비율)

주가를 주당순자산으로 나눈 것이다. 기업의 순자산에 비해 주식이 몇 배로 거래되고 있는지를 측정한 값으로, 자산가치 측면에서 판단하는 지표다. 순자산이란 회사가 영업을 중지하고 청산하고자 할 때 주주에게 분배될 금액, 즉 부동산과 집기 등 기업이 소유하고 있는 자산의 장부상 가치를 말한다. 청산가치라고도 한다. 예를 들어 어떤 기업의 시가총액이 1조 원인데 보유하고 있는 순자산이 2조 원이라면, PBR은 '0.5'가 된다. 이 기업은 자산 대비 저평가되었다고 할 수 있는데, 주가가 순자산의 0.5배밖에 되지 않기 때문이다.

PBR이 1이라면 현시점에서 현재가와 주당순자산이 같다는 뜻이다. PBR이 1보다 낮으면 주가가 기업 자산가치에 비해 저평가된 것이고, 1보다 높으면 주가가 자산가치보다 높게 평가된 것이다. 다만, PER과 마찬가지로 PBR 역시 무조건 낮다고 좋은 건 아니다. 보통 성장성이 낮은 회사들이 낮은 PBR을 유지하는 경우가 많다.

● ROE(Return On Equity, 자기자본이익률)

순이익을 자기자본으로 나눈 것이다. 기업이 자본을 이용하여 어느 정도의 이익을 냈는가를 나타낸다. 예를 들어 자본이 1,000만 원이고 1년에 200만 원의 이익을 냈다면 ROE는 '20'이다. 이는 은행으로 치면 이자와 비슷한 개념인데, 요즘 같으면 은행에 1,000만 원을 맡길 경우 이자가 연 10만 원 안팎이다. ROE는 높을수록 좋으며, 최소한 시중금리보다 높아야 투자가치가 있다고 볼 수 있다. 만약 은행이자가 더 높다면 주식을 사기보다 예금을 하는 것이 더 낫기 때문이다.

다만, ROE가 어떤 방식으로 증가했는지를 봐야 한다. 분자(순이익)가 증가한 것이 아니라 분모(자본)가 줄어든 경우도 있기 때문이다. 한국 기업 중에는 현금을 과도하게 보유해서 ROE가 낮은 경우가 종종 있다. 주주를 위하는 기업이라면 이 현금을 가지고 배당을 하거나 자사주를 매입함으로써 ROE를 높이는 노력을 할 것이다.

● EV/EBITDA(에비타배수)

시장가치를 세전영업이익으로 나눈 것으로, 기업의 현금창출력을 나타낸다. EV(Enterprise Value, 기업가치)는 '시가총액+차입금'으로 구한다. 실제적인 의미로는, 어떤 기업을 매수한다고 할 때 얼마를 지불해야 하는가를 나타낸다. 기업을 인수하려면 주식은 물론이고 부채도 인수해야 하므로 차입금을 포함하는 것이다. EBITDA(Earnings Before Interest, Tax, Depreciation and Amortization, 세전영업이익)는 '영업이익+감가상각비 등 비현금성 비용+제세금'으로 구한다.

앞서 설명한 PER을 보완하는 지표로 사용된다. PER에서는 당기순이익을 사용했는데, 이는 세후순이익이므로 특별손익과 세금 등이 어떤 영향을 미쳤는지를 알 수가 없다(다음 그림 참조). 그래서 EV/EBITDA에서는 이를 포함시키기 이전의 영업현금흐름인 EBITDA를 사용한다. 예를 들어 EV/EBITDA가 '5'라고 한다면, 기업이 지금과 같은 수준으로 돈을 벌어들일 경우 기업가치만큼 버는 데 5년이 걸린다는 의미다. 이 수치가 낮아질수

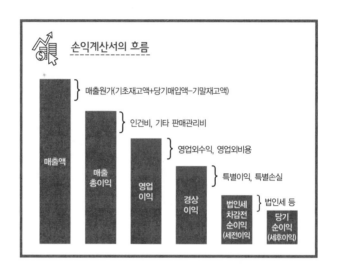

손익계산서의 흐름

매출원가(기초재고액+당기매입액−기말재고액)

인건비, 기타 판매관리비

영업외수익, 영업외비용

특별이익, 특별손실

법인세 등

매출액

매출
총이익

영업
이익

경상
이익

법인세
차감전
순이익
(세전이익)

당기
순이익
(세후이익)

록 투자원금을 회수하는 데 걸리는 시간이 짧다는 의미
이므로 EV/EBITDA는 낮을수록 좋다.

영업 내용을 이해할 수 있는 기업을 선택하라

기업의 재무적 측면을 판단할 때는 이상의 지표들만 분
석해도 충분하다. 전문가들도 그 이상의 특별한 분석 도

구를 갖고 있다거나 하지는 않는다.

기업을 고를 때 주의할 점은 이해할 수 있는 업종에서 선택해야 한다는 것이다. 그래야 기업에 일어난 변화가 어떤 의미인지를 알 수 있다. 예를 들어 기업이 사업 영역을 다각화하는 것은 일반적으로 좋은 변화다. 그런데 아이스크림을 만드는 기업이 갑자기 골프장 사업을 하겠다는 식으로 기존 사업과 시너지를 발휘할 수 없는 사업 확장이라면 타당성이 있는지를 따져봐야 한다. 나는 포트폴리오에 편입했던 기업 중 이익이 많이 나지 않는 분야에 투자하는 기업들은 대부분 매도했다.

주식투자는 오래 보유하는 것이 철칙이지만, 그렇다고 마냥 들고만 있는 것을 말하지 않는다. 매수 후에도 꾸준히 관리해야 한다. 즉, 기업에 특이사항이 발생하지는 않는가를 살펴야 한다. 그러려면 잘 알고 있는 사업 내용이어야 한다.

이와 관련해서 워런 버핏의 예를 참고할 수 있다. 미국에 인터넷 열풍이 한창이던 1990년대 말, 주식시장에서도 관련 주식이 급등했지만 버핏은 투자하지 않았다.

자신이 잘 모르기 때문이라는 것이 그 이유였다.

투자 팁은 일상생활에서도 찾을 수 있고, 자신이 하는 일에서도 찾을 수 있다. 전업주부라면 장을 볼 때 매장에서 가장 좋은 자리를 차지하고 있는 상품이 무엇인지를 눈여겨볼 수 있을 것이다. 야외 활동을 좋아하는 가족이라면 인기 있는 아웃도어 용품이나 식품에 주목해도 좋고, 디자이너라면 사용자의 감각을 가장 잘 반영하는 소프트웨어회사를 분석해봐도 좋을 것이다. 만약 게임광 아들을 두었다면 아들한테 게임회사들에 관한 정보를 물어봐도 좋을 것이다. 게임 좀 그만하라고 야단치는 대신 아들과 함께 게임회사를 분석하며 주식투자 이야기를 할 수 있는 부모라면 얼마나 현명한 부모이자 현명한 투자자인가.

이상의 정보는 인터넷에서 쉽게 구할 수 있다. 조금만 더 관심을 기울이고 정성을 들인다면 능력 있고 도덕적인 경영진이 포진한 기업, 재무구조 탄탄한 기업, 앞으로 성장해갈 기업을 얼마든지 찾아낼 수 있다. 그중 내가 이해할 수 있는 사업 분야의 기업을 선택하여 주식을 꾸준히 사 모으자. 그것으로 이미 주식투자의 절반은 성공한 것이다.

펀드투자도 좋은 대안이다

미래가 밝은 기업을 찾아내는 데는 시간과 노력이 필요하다. 좋은 기업을 찾는 것은 누구나 할 수 있지만 시간을 할애하기가 힘들고, 분산투자를 하기에는 투자 금액이 너무 적은 경우가 있다. 이때 직접 주식을 사는 것보다 그 대안으로 펀드에 투자하는 것이다. 펀드는 투자를 전문으로 하는 기관이 여러 사람으로부터 돈을 모아 투자한 뒤 그 수익을 펀드 가입자들에게 돌려주는 간접투자의 전형적인 예다. 펀드를 운용하는 담당자를 펀드매니저라고 하며 주식이나 채권, 부동산 같은 실물에 투자하는 등 다양한 펀드가 있다.

펀드에 투자할 때 가장 큰 이점은 전문가의 투자 노하우를 활용할 수 있다는 점이다. 펀드매니저는 투자를 업으로 하는 사람이므로 일반인에 비해 과학적이고 전문적으로 자금을 운용할 수 있다. 하나의 펀드를 한 사람이 전담하기도 하지만, 효율성을 위해 여러 명이 팀을 이루기도 한다.

또 한 가지는 분산투자가 된다는 점이다. 펀드는 주식이나 채권, 파생상품, 실물자산 등 다양한 자산으로 포트폴리오가 구성되며, 국내는 물론 해외 상품에도 투자한다. 주식에 집중하는 펀드의 경우에도 여러 업종과 종목을 편입하므로 자연스럽게 분산투자가 이뤄진다. 또한 다수의 투자자로부터 자금을 모아 대규모로 운용하기 때문에 개인의 소규모 자금으로는 투자하기 어려운 곳에도 투자할 수 있다.

펀드 선택할 때 이런 점에 유의하라

펀드투자를 할 때는 다음의 몇 가지 사항에 유의해야 한다.

첫째는 담당 펀드매니저가 장기투자를 원칙으로 하는지 확인해야 한다는 점이다. 펀드는 운용 스타일에 따라 성과가 달라진다. 만약 단기로 사고팔기를 반복하는 펀드매니저라면 잦은 매매로 인해 비용이 과다하게 발생할 뿐 아니라 펀드 수익률도 저조해질 수 있다. 펀드매니저가 과거에 어떤 경력을 거쳐왔는지, 얼마나 자주 회사를 옮겼는지, 주식을 얼마나 자주 사고팔았는지를 꼼꼼히 확인해야 한다. 또 펀드 운용 중 펀드매니저가 바뀔 경우 운용 스타일이 변경되어 수익률에 영향을 줄 수도 있다. 펀드매니저가 누구인가를 유심히 봐야 하는 이유다.

둘째는 비용체계를 잘 살펴봐야 한다는 점이다. 펀드투자 시 들어가는 비용으로는 수수료와 보수가 있다. 수수료는 펀드에 가입(선취)하거나 환매(후취)할 때 내는 것으로 1회성 비용인 반면, 보수는 일종의 서비스 이용료 성격으로 투자기간 내내 발생한다. 더욱이 수익률이 마이너스인 경우에도 보수는 꼭 내야 한다. 보수는 판매보수, 운용보수, 수탁자보수, 일반사무수탁보수 등으로 구성되며 펀드마다 다르지만 2% 내외다. 그러므로 펀드 수익률이 10%라 할 때 2%가 보수 명목으로 차감되고 8%만 투자자 몫이 되는 것이다. 장기투자일 경우 전체 수익률에 미치는 영향이 적지 않으므로 펀드별로 수수료와 보수는 꼭 따져봐야 한다.

셋째는 펀드의 규모다. 투자가 안정적으로 이뤄지기 위해서는 어느 정도의 규모를 갖춰야 한다. 정해진 기준은 없지만, 최소 100억 원 이상은 되어야 한다는 게 일반적인 견해다. 현재 우리나라는 펀드 수로는 세계 최고이지만 시장 규모는 거의 꼴찌에 가깝다. 그만큼 소규모 펀드가 많기 때문이다. 규모가 지나치게 작은 펀드는 분산투자를 하기가 어렵고, 운용사가 신경을 덜 써 관리소홀 문제가 발생할 수 있다.

내가 메리츠에 와서 제일 처음 내놓은 펀드가 '메리츠코리아펀드'다. 펀드의 성격을 간단히 이야기한다면 '지배구조가 투명하고 경쟁력을 갖춘 기업에 장기투자하는 것'이라고 할 수 있다. 그간 나의 투자 철학을 그대로 반영한 펀드다. 2013년 7월에 설정된 이후 현재까지 1조 6,000억 원 이상의 자금이 몰려, 나의 투자 철학에 공감하는 투자자들이 많음을 확인했다. 당기간 높은 수익률을 기록해 언론의 주목을 받았지만, 현재의 수익률은 사실상 크게 의미가 없다. 동업자의 마음으로 앞으로도 오랫동안 투자를 계속해나갈 것이기 때문이다. 정말 좋은 펀드는 10년, 20년이 지나면서 수익이 눈덩이처럼 불어나 투자자의 노후를 윤택하게 해주는 것이라 믿는다.

오래
보유하라

자본주의 체제가 존재하는 한 주식시장 역시 존재할 수밖에 없다. 기업이 성장하는 과정에서 새로운 사업으로 진출하거나 설비를 확장하기 위해 추가적인 자본이 필요해지는데, 은행에서 차입하기도 하지만 주식시장에서 자본을 조달하는 것 또한 필요하기 때문이다. 자본주의가 발달할수록 주식시장은 그 체제에서 핵심적인 역할을 담당하게 된다. 이에 따라 주식시장은 궁극적으로 상승하게 되어 있다. 주식시장이란 미래 생산활동의 기대치가 거래되는 곳이고, 인류의 생산성이 후퇴하는 일은 보통 일어나지 않기 때문이다. 예컨대 지금의 휘발유 자동차가 무언가로 대체된다면 전기차나 수소차 등 더욱 발전된 형태가 되지, 과거처럼 말을 타고 다니게 되지는 않을 거란 얘기다.

실제 예를 보자. 다음 그림은 코스피지수의 흐름이다. 월별 종가를 선으로 나타낸 것인데, 자잘한 파동을 그리며 오르내림을 반복하지만 전체적으로 꾸준히 상승하고 있음을 확인할 수 있다.

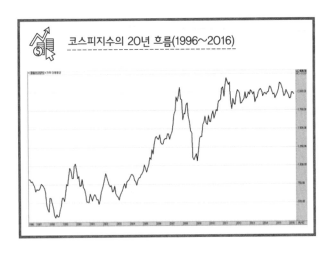

코스피지수의 20년 흐름(1996~2016)

왼쪽 하단을 보면 지수가 저점을 기록한 곳이 있는데, 이 시기는 IMF 외환위기 때였다. 당시는 공포가 주식시장을 지배했다. '이대로 한국이 망하고 마는 건가' 하는 탄식이 곳곳에서 터져 나왔다. 그러나 시장은 다시 기운을 차렸고, 꾸준히 상승했다. 그러다가 또 한 번의 급락 구간을 맞이하는데, 바로 2007~8년 글로벌 금융위기 때다. 공포 속에서 지수는 또다시 고개를 들었고, 이전 고점 수준에서 잔파동을 그리고 있다. 그림에서 오른쪽 맨 끝이 2016년 상반기 현재 위치다. 많은 사람이 궁금해하고 있을 것이다. '지수가 위로 갈까, 아래로 갈까?'

하지만 나는 그런 궁금증을 가져본 적이 없다. 당장 올해 하락하거나 상승하든, 아니면 내년에 하락하거나 상승하든 간에 장기적으로는 반드시 상승한다는 믿음이 있기 때문이다. 주식투자는 이런 믿음을 전제로 좋은 기업의 듬직한 동업자가 되는 것이다. 여기에 여유자금, 분산투자, 장기보유라는 세 가지만 기억하면 주식투자는 누구나 성공할 수 있다.

첫째 원칙, 여유자금

사람들에게 주식에 투자하라고 하면 자본이 없다는 말부터 한다. 그것은 자본이 있고 없고의 문제 이전에 노후 준비가 우선순위에서 밀려 있기 때문이라고 생각한다. 혹은 부자가 되고 싶은 마음이 없거나 일찍 포기했기 때문이라고 본다. 차와 명품백을 사고 비싼 커피를 사 마시면서 돈이 없다고 하는 것은 노후 대비에 대한 인식이 희박하다는 증거다. 주식은 부동산과 달라서 투자하는 데 목돈이 필요치 않다. 택시 한 번 덜 타고 커피 한 잔 덜 마셔도 충분한 투자금이 될 수 있다. 1만 원이 있으면 1만 원어치를 사면 되고, 10만 원이 있으면 10만 원어치를 사면 된다.

주식에 대한 철학이 확고한 사람은 과소비를 하지 않는다. 소비를 투자로 바꾸었을 때 그 열매가 크다는 걸 알기 때문이다. 부자처럼 보이려고 명품백이나 옷을 사는 사람들과 매일매일 여윳돈을 투자한 사람들 간에는 시간이 갈수록 부의 차이가 나타날 것이다. 여유자금은 오늘 아낀 돈이다. 주식은 부동산처럼 계약서를 작성한 다거나 하는 절차도 필요 없이 HTS에서 간편하게 살 수 있다. 적은 돈이라도 증권계좌에 입금해두고 1주, 2주 씩 사 모아라. 가게에서 물건을 사듯 일상적으로 주식을 사라.

명심할 것은 절대 빚을 내서 투자하면 안 된다는 것이다. 여유자금으로 해야 한다. 빚을 내서 투자하면 오래 보유할 수가 없다. 월급의 일정 부분, 그리고 당장 없어도 크게 문제가 되지 않는 자금으로 투자해야 한다. 예를 들어 다음 학기 자녀 등록금이나 1년 뒤에 올려줘야 하는 전셋돈은 여유자금이 아니다. 간혹 적금 만기가 됐는데 반년 정도 투자할 곳이 필요하다며 상담을 청하는 사람들도 있다. 하지만 반년 동안 돈을 불려줄 만한 주식이 어떤 것인지 나는 모른다. 그리고 그걸 아는 사람이 있으리라고도 생각지 않는다. 주가는 단기적으로는 예측이 가능하지 않기 때문이다.

빚을 낸 돈이니 조만간 써야 할 돈으로 주식을 사면

심리적으로 쫓기게 된다. 그래서 주가 움직임에 더 민감해져 사고팔기를 반복하느라 손실을 볼 가능성이 크다. 여유자금으로 투자해야만 원치 않는 시점에 주식을 팔아야 할지도 모른다는 압박을 받지 않는다. 주식은 소유하고 싶어서 사야 한다. 좋은 주식은 오랜 시간이 지나면 반드시 오르기 때문이다.

둘째 원칙, 분산투자

모든 투자에는 위험이 따른다. 주식이라고 예외일 수 없다. 그럼에도 주식투자를 해야 하는 이유는 평범한 사람이 부자가 될 수 있는 유일한 방법이기 때문이다. 다만, 위험을 완화시킬 방법이 있다면 그런 장치를 충분히 마련해두어야 한다. 주식투자에서 그 장치는 '분산'이다. 약 15에서 20종목에 골고루 투자해야 한다.

분산투자에는 여러 가지가 있다. 먼저 업종의 분산이다. 주가가 언제 오르고 언제 내릴지를 알 수 없듯이 어떤 업종이 상승하고 어떤 업종이 하락할지도 정확히 알 수 없다. 그래서 경기에 민감한 업종을 포트폴리오에 담 았다면 경기와 무관한 업종도 담는 것이다. 분산투자라 고 하면 누구나 가장 먼저 떠올리는 전통적인 방식이기 도 하다.

둘째는 지역의 분산이다. 그동안 한국 주식에만 투자 했다면 다른 나라나 지역의 주식에도 투자함으로써 위 험을 분산하는 방법이다. 요즘에는 해외 주식에 대한 투 자가 대중화되어 대부분 증권사 HTS에서도 거래를 할 수 있다. 해외 기업의 분석이 어렵다면 해외에 투자하는 펀드에 가입하는 것도 분산투자의 한 방법이다.

셋째는 시간의 분산이다. 목돈을 한 번에 투자하는 것이 아니라 매월 적립식으로 투자하는 방법이다. 이때 는 주가가 높은가 낮은가와 상관없이 정해진 시기에 정 해진 금액만큼 매수한다는 규칙을 지켜야 한다. '월급 날, 급여의 10%'식으로 정해두면 좋다. 시간의 분산은 나이가 어릴 때부터 시작하는 것이 유리하다. 장기투자 의 효과를 복톡히 누릴 수 있기 때문이다.

셋째 원칙, 장기보유

"대표님, 펀드에 가입했는데 석 달 사이에 20%나 올랐어요. 환매해야 할까요?"

"좋다고 해서 가입했는데 한 달 만에 10%나 하락했어요. 어떻게 하죠?"

내가 한국에 와서 가장 많이 접한 질문들이다. 이런 질문을 받을 때마다 참 난감하다. 주가는 단기간에는 오르내리길 반복하지만 장기적으로는 오를 수밖에 없다. 물론 좋은 기업을 골랐다는 전제하에 말이다. 주식의 가격은 기업의 가치를 바탕으로 하기 때문이다. 그런데 몇 달 만에 올랐거나 내렸다고 어떻게 해야 할지를 묻는 사람들에게 내가 어떤 답을 할 수 있겠는가. 기업은 열심히 일해 이윤을 남김으로써 성장해간다. 그와 같은 장기 성장의 열매를 거둬들이려면 오래 가지고 있어야 한다.

장기로 보유해야 하는 또 한 가지 이유는 주가가 복리로 움직이기 때문이다. 먼저 단리와 복리에 대해 알아

보자. 단리는 원금에 대해서만 이자를 계산하고, 복리는 이미 발생한 이자를 원금에 더해서 이자를 계산한다는 차이가 있다. 예를 들어 1,000만 원을 연 10%로 3년간 예금한다고 하자. 조건이 단리라면 '1,000만 원×10%'를 3번 하여 더하면 총이자가 된다. 그런데 조건이 복리라면 둘째 해부터 이자금액이 달라진다. 첫해에는 '1,000만 원×10%'로 이자가 100만 원이 된다. 둘째 해에는 그 이자를 원금에 더해 '1,100만 원×10%'로 이자가 110만 원이다. 셋째 해에는 그 이자를 직전 원리금에 또 더해 '1,210만 원×10%'로 이자가 121만 원이 된다. 상당히 복잡해 보이지만 표로 정리하면 다음과 같이 간단하다.

단리와 복리의 예: 1,000만 원을 연 10%로 3년간 예금할 경우

	단리	복리
1년 후 이자	1,000,000	1,000,000
2년 후 이자	1,000,000	1,100,000
3년 후 이자	1,000,000	1,210,000
총이자	3,000,000	3,310,000

3년이라는 짧은 기간이기 때문에 그다지 크게 차이가 나 보이지 않을 것이다. 하지만 기간이 길어질수록 둘 사이에는 엄청난 차이가 발생한다. 단리일 경우는 이자가 5년 후 500만 원이 되는데 복리는 610만 원을 넘는다. 그렇다면 30년 후에는 어떻게 될까? 단리일 경우 이자가 3,000만 원인 데 비해 복리일 경우 1억 6,400만 원이 된다. 놀랍지 않은가? 그래서 복리를 '마법'이라고 부르며, 아인슈타인은 '인간이 만들어낸 가장 위대한 발명'이라고도 했다.

주가는 복리로 움직인다. 10,000원짜리 주식을 샀다고 하자. 첫째 날 10%가 올랐다. 11,000원이다. 둘째 날 기준가는 얼마가 되는가? 10,000원이 아니라 11,000원이다. 이날도 10%가 올랐다면 12,100원이 된다. 즉, 수익이 계속해서 재투자된다는 뜻이다. 물론 하락할 때에도 복리로 움직인다. 첫째 날 10%가 하락했다면 9,000원이 되고, 둘째 날에도 10% 하락했다면 8,100원이 된다. 그런데 주식 가격은 보통 상승만 하거나 하락만 하지는 않는다. 올라가고 내려가길 반복하면서 오랜 시간에 걸쳐 상승한다. 그러므로 주식투자를 통해 복리의 마법을 누리려면 가능한 한 장기로 투자해야 한다.

대표적인 예가 워런 버핏이 이끄는 버크셔 해서웨이다. 버크셔는 2009년 연차보고서에서 1965년 이후 평균 20%의 수익률을 기록했다고 밝혔다. 그냥 일회성 수익률 20%라면 대단하다고 할 것도 없을 것이다. 그렇지만 무려 44년간이나 연복리 20%를 적용했기에 높은 산위에서 눈덩이를 굴리듯 자산이 폭발적으로 불어난 것이다. 버크셔의 투자 철학은 '주주에게 보내는 서한'에 제시된 다음의 문장으로 압축할 수 있다.

"어떤 주식을 10년 동안 소유하지 않을 생각이라면 단 10분도 그것을 가질 생각을 하지 마십시오."

세계적으로 유명한 투자자들이라고 해서 우리가 모르는 특별한 시장에 투자하는 것은 아니다. 물론 운용하는 자금 규모가 우리와 비교할 수 없을 만큼 크고, 다양한 경험을 가진 전문가들이 투자 결정을 하는 데 도움을 주기는 할 것이다. 하지만 전문가들이라고 하더라도 성공적인 투자 여부는 앞의 세 가지 원칙을 얼마나 잘 지키느냐에 달려 있다. 좋은 기업들을 잘 선택하여, 여유 자금으로 주식을 꾸준히 사 모아서, 기업에 이변이 발생하지 않는 한 오래도록 보유해야 큰 수익을 올릴 수 있다는 철학이 중요하다.

지금 당장 시작하라

'주식투자' 하면 아마도 워런 버핏을 떠올리는 사람이 많을 것이다. 주식투자만으로 갑부가 되었을 뿐 아니라 현명한 투자 철학으로 전 세계 많은 투자자에게 길을 안내해준 인물이기 때문이다. 나는 버핏이야말로 자본주의를 가장 잘 이해하는 사람 중 하나라고 생각한다. 그는 초등학생 시절, 친구들이 캔디를 사 먹는 것을 보고 자신도 사 먹는 대신 캔디를 판매하는 기계를 설치했다고 한다. 캔디의 달콤함보다 친구들이 캔디를 사 먹을 때마다 자신의 주머니로 동전이 들어오는 달콤함이 더 크다는 걸 안 것이다.

여기서 발견되는 한 가지 더 놀라운 사실은 어린 버핏이 자기가 생각한 바를 직접 실천에 옮길 수 있었다는 점이다. 만약 초등학생인 내 아이가 친구들 캔디 사 먹고 있을 때 캔디 자판기를 설치한다면 한국 엄마들은 뭐라고 할까? 왜 그렇게 별난 짓을 하냐며 동네 창피하다고 하지 않을까? 커서 뭐가 되려고 벌써부터 돈에만 밝으냐고 할지도 모르겠다.

한국 엄마들이 자녀에게 가장 많이 하는 말은 '남들보다'와 '남들처럼'이다. 공부는 무조건 남들보다 잘해야 하고, 그 외의 것은 남들처럼 해야 한다는 것이다. 하지만 인생은 교과서 안에 있지 않고, 성공은 수능 성적에 좌우되는 게 아니다. 세상을 넓게 보고, 남과 다른 생각을 하고, 독특한 해법을 내놓을 수 있는 사람만이 성공할 수 있다. 자녀가 성공적인 삶을 살길 바란다면 다양한 경험을 하게 해주어야 하며, 그러기 위해서는 엄마 자신부터 고정관념에서 빠져나와야 한다. 학군 좋은 동네로 이사하기 위해 빚을 잔뜩 지고, 잘나가는 과외 선생 모셔오느라 경쟁을 할 게 아니다. 그것은 자녀를 월급쟁이로 키우는 방식일 뿐이다. 자본주의 사회에서 우리는 누구나 자본가가 되고 싶어 해야 한다. 노동만이 아니라 내가 가진 자본에게도 일을 시켜야 한다. 그러려면 어려서부터 돈에 '밝아야' 한다.

이제는 자녀를 월급쟁이가 아니라 돈을 잘 알고 부를 축적할 줄 아는 자본가로 키우자. 부모 자신부터 자본가의 마인드를 갖자. 자본가가 되는 가장 쉽고 빠른 방법이 주식을 사는 것이다. 술자리와 외식, 그 밖에 줄일 수 있는 지출이 있는지 살펴 최대한 돈을 아껴서 주식을 사자. 당연히 자녀 학원과 과외도 중단하고 그 돈으로 주식을 사주자.

한국은 세계 11위의 경제 선진국임에도 주식투자에 대한 인식은 후진국에 가깝다. 미국과 같은 선진국에서는 젊었을 때 노동력을 통해 돈을 벌어들이고, 그 돈을 국가연금과 퇴직연금 등을 통해 주식에 투자한다. 수십

년 후 노년에 이르면 그동안 투자한 자본의 결실을 가지고 여행도 다니고 취미생활을 하며 여유롭게 보낸다. 만약 한국 엄마들이 노동력과 자본, 둘 다에게 일을 시켜야 한다는 것을 좀더 일찍 알았더라면 자식들 교육비는 물론 부모 자신들의 노후를 대비하기에도 충분한 돈을 모았을 것이다.

얼마 전 우연히 한 학부모를 만났다. 특별히 잘사는 편은 아니지만 부부가 둘 다 일을 하고 있으니 별다른 어려움 없이 생활하는 정도라고 했다. 마냥 일에 쫓겨 살았을 뿐 노후에 대해 특별히 생각해본 적은 없다며, '보험 있고 연금 있으니 그럭저럭 되겠지' 하는 생각이었다고 한다. 그러다가 신문에서 노후 대비와 주식투자에 관한 내 기고문을 읽고 시간을 내서 자산 현황을 검토해보았단다. 결과가 충격적이었는데, 막연히 기대했던 바와 달리 연금 수령액이 형편없이 적더라는 것이다.

그래서 남편, 아이와 상의해 적립식 투자를 시작했다고 한다. 그간의 사연을 짧게 들려준 그분은 "이런 생각을 하게 해주셔서 감사합니다"라고 했다.

주식투자는 선택이 아니고 필수라는 내 메시지가 실제로 누군가에게 가 닿았다는 사실에 나도 힘을 얻는다. 이처럼 한 사람, 한 사람이 변화한다면 우리 미래는 더 밝아질 것으로 믿는다.

다시 한 번 강조하건대, 주식투자는 오랜 시간을 두고 해야 한다. 누구에게나 주어지는 시간이라는 자원을 조금이라도 일찍 내 편으로 만들어두는 것이 더 큰 열매를 얻는 비결이다. 미루지 말고 지금 당장 시작해야 한다. 부자가 된 사람들의 공통점은 즉시 행동에 옮긴다는 것이다. 잘못 쓰이는 자금을 노후 준비를 위해 투자해야 한다. 수입의 10%를 무조건 주식에 투자하고 사교육비를 주식으로 바꿔라.

자주 듣는
주식투자에 관한 질문들

지난 2년간 강연회 등을 통해 많은 사람을 만났다. 주식투자를 중심으로 자녀 교육과 노후 대비가 주된 주제였다. 강연이 끝나면 질의·응답이나 대화의 시간을 가졌는데, 많은 이들이 나의 관점에 공감을 표했고 변화가 필요함을 인정했다. 그렇지만 당장 어떻게 해야 할지 몰라 막막하다는 이들이 많았다. 독자들 중에서도 비슷한 고민을 가진 이들이 많을 듯하여, 가장 자주 이뤄졌던 질의·응답 내용을 정리해보았다.

■ 사교육을 그만두고 싶어도 아이들이 방과 후 시간을 같이 보낼 친구가 없어요. 친구를 만들어주기 위해서라도 사교육을 할 수밖에 없는 현실입니다.

한국 엄마들의 고질적인 문제는 주변의 눈치를 너무 본다는 것입니다. 다른 엄마들이 하면 무조건 따라서 합니다. 정말로 사교육의 필요성을 느낀다기보다는 다른 애들은 하는데 혹시 우리 애만 안 해서 뒤처지는 게 아닐까 하는 죄책감과 두려움 때문에 시키는 경우가 많습니다.

지금까지 저는 강연을 다니면서 엄마들을 볼 때마다 사교육비를 주식에 투자하라고 열심히 주장해왔습니다. 뜻밖에도 많은 엄마들이 긍정적인 반응을 보였습니다. 지금까지 아이들 교육을 잘못 시켜서 후회스럽다면서요. 하지만 곧 이런 말을 덧붙입니다. "다른 엄마들에게도 알려주세요. 그럼 진짜 과외 그만둘 수 있을 텐데…" 다시 말해 남이 관두면 자기도 관두겠다는 얘기입니다. 생각을 바꿔서, 내가 먼저 사교육을 그만두면 어떨까요? 한국 엄마들은 추진력이 강합니다. 제 강연을 들은 엄마들이 하나둘 선행학습 등 사교육을 끊기 시작하면, 아마도 금방 유행이 되어 사교육 그만두기 열풍이 불지도 모릅니다.

저는 여러분께 정말 좋은 아이디어를 제공하고 싶습니다. 아이가 방과 후 시간을 같이 보낼 친구가 없어서 사교육을 시켜야 한다면, 비슷한 생각을 가진 학부모끼리 모여 '주부투자클럽'을 만드는 건 어떨까요? 쓸데없이 지출되는 사교육비를 자본으로 하여 아이들과 함께 주식투자를 시작하는 거지요. 좋은 기업을 발굴할 때 어쩌면 부모님들보다 아이들의 안목이 더 뛰어날지도 모릅니다. 어른들은 고정관념에 사로잡혀 있지만, 아이들은 미래에 더 가까운 세대니까요.

그렇게 자란 아이들은 밤늦게까지 영어 단어나 수학 공식을 외우는 아이들이 따라올 수 없을 정도로 경쟁력이 높을 거라고 생각합니다. 어렸을 때부터 전 세계의 주식을 공부하고 투자를 병행한다면 학원에서 대부분 시간을 보내는 친구보다 10배, 100배의 경쟁력을 가질 수 있습니다. 누누이 강조했듯이 열심히 공부해서 좋은 대학을 가는 것이 이제 더는 성공의 지름길이 아닙니다. 세상이 너무 바뀌었기 때문이죠. 이미 증명이 되고 있지 않은가요? 좋은 대학교를 나오고도 취직을 못 한 청년들이 얼마나 많습니까. 과거의 성공 모델이 이제는 통하지 않습니다. 남들이 보지 못하는 면을 보고, 남들이 하지 못하는 생각을 해야만 성공할 수 있습니다. 물론 지금도 그렇지만, 우리 아이들이 살아갈 세상에서는 그런 능력이 더더욱 필요해질 것입니다. 우리 아이들의 경쟁 상대는 지금 같은 반 친구들이 아니라 세계의 아이들이기 때문입니다.

사교육을 그만두는 것은 두 가지 큰 이점을 가져다줍니다. 하나는 자녀가 틀에서 벗어나 독창적인 사고를 하게 된다는 것이고, 다른 하나는 사교육비를 주식에 투자하여 미래를 준비할 수 있다는 것입니다.

■ 주식투자는 너무 위험한 것 같아요.

주식투자는 위험합니다. 단기적으로는 그렇습니다. 그리고 위험이 크기 때문에 돌아오는 결실도 크죠. 자본주의 사회에서 고위험 고수익의 진리는 변하지 않습니다. 하지만 사람들은 주식투자의 이 위험에 대하여 크게 오해를 합니다. 주식투자의 위험이란 우리가 매일 아침 일어나 밤에 잠자리에 들기 전까지 반복하는 많은 선택들의 위험과 다르지 않습니다.

가령 우리는 벼락에 맞거나, 교통사고를 당하거나, 강도의 칼에 찔릴 위험이 곳곳에 존재한다는 것을 알면서도 출근을 하고 학교에 갑니다. 오늘 당장 차에 치일 것이 두려워서 침대를 벗어나지 못하는 사람은 없죠. 왜냐하면 어느 정도 통제할 수 있는 위험이라고 생각하기 때문입니다. 출근을 하면서 차에 치이지 않기 위해 우리는 무의식적으로 많은 행동을 합니다. 빨간불에서 서고, 파란불에서 가고, 건널 땐 횡단보도를 이용하고, 혹시 차가 없는지 주위를 살피는 게 그것입니다.

주식투자에서의 위험도 마찬가지입니다. 만약 어떤 호수에 '위험'이라고 쓰인 표지판이 있고, 그 밑에 '익사 사고 많이 발생했음'이라는 경고문이 붙어 있는데도 호수에 뛰어든다면 그건 무모한 짓입니다. 주식시장은 그런 호수라기보다는 안전하게 물놀이를 할 수 있도록 몇 가지 수칙이 적혀 있는 수영장이나 계곡에 가깝습니다. 여유자금, 분산투자, 장기보유라는 몇 가지 규칙만 지키면 얼마든지 통제할 수 있는 위험에 속합니다. 그런데도 주식투자가 너무 위험해서 못 하겠다고 말하는 사람이 있다면, 물에 빠질까 봐 평생 수영장 근처에는 가보지도 않는 사람과 비슷하다 하겠습니다.

▨ 우리 교수님이 주식투자를 하지 말라고 했는데, 꼭 해야 하나요?

한국에서는 많은 투자자가 아무런 철학 없이, 또는 잘못된 철학을 가지고 주식시장에 뛰어듭니다. 그런데 소위 경제 전문가, 금융인이라는 사람들도 주식투자에 대해 잘못된 철학을 가지고 있기는 매한가지입니다. 경제 전문 방송에서 종목 추천을 하고 그래프를 따져가며 시장 분석을 하는 앵커들도, 정작 주식투자를 하느냐고 물어보면 "저는 그런 거 안 합니다"라고 흔히 말합니다. 제가 취임하기 전에 메리츠에서 그랬던 것처럼, 펀드를 판매하는 일을 하면서도 자기 회사의 펀드에 가입하지 않는 자산운용사 직원이 태반입니다. 식당 사장님이 자신의 식당에서 파는 음식을 안 먹는 것과 똑같죠. 스스로도 신뢰하지 않는 것을 고객들에게 판매하고 있으니 믿을 만한 전문가가 아니라고 할 수밖에 없습니다.

명심해야 할 것은 전문가라는 사람들이 당신보다 훨씬 똑똑하다거나, 더 많은 정보를 알고 있다고 생각해서는 안 된다는 것입니다. 제가 만난 한국의 경제학 교수, 펀드매니저, 은행 직원, 경제 채널 아나운서 등등의 사람들 중 주식투자를 제대로 이해하는 사람은 드물었습니다. 한번은 방송 도중 어떤 교수가 "외국인 투자자들이 매도하는 추세이니 따라서 팔아야 합니다"라고 이야기를 하더군요. 저는 우리가 방송 중인 것도 잠시 잊고 "그 외국인 투자자들 다 만나보셨어요?"라고 되물은 적이 있습니다. 한국 주식시장에 투자하는 외국인 투자자가 한두 명도 아닌데 어떻게 그들 생각을 아느냐는 뜻이었지요.

단기적인 시장 예측에 관한 모든 정보는 투자자의 마음만 심란하게 하는 잡음일 뿐입니다. 투자 철학 없이 그런 잡음에 휘둘리는 사람이야 당연히 주식투자가 위험하니 하지 말라고 말할 것입니다. 그렇지만 주식투자의 위험은 올바른 투자 철학으로 충분히 상쇄할 수 있는 위험이며, 주식투자는 반드시 해야 합니다.

■ 주위에서 주식투자를 하는 사람들을 보면 결과가 별로 좋지 않던데, 주식투자를 꼭 해야 하나요?

한국에서는 주식에 투자해서 돈 번 사람을 찾기가 힘듭니다. 그렇다 보니 대부분 사람이 주식투자에 대해 부정적인 생각을 가지고 있는 것 같습니다.

저는 주식투자는 해도 되고 안 해도 되는 것이 아니라 무조건 해야 하는 것이라고 이야기해왔습니다. 그리고 실제로 그렇습니다. 자본주의 사회에서 부자가 되거나 노후를 편안하게 보내려고 한다면, 회사의 주인이 되지 않는 이상 당연히 주식투자를 해야 합니다. 이러한 원리를 아는 사람은 사치나 낭비를 하지 못합니다. 주식에 투자하고 싶기 때문입니다. 이게 바로 부자가 되는 사람과 가난하게 되는 사람의 차이죠. 열심히 투자하는 대신 지나친 사교육 등 열심히 과소비하는 사람은 가난해질 수밖에 없습니다.

주식투자를 하면 여러 가지 장점이 있습니다. 그중에서도 내가 잠을 자거나 휴가를 떠나도 내가 투자한 회사의 직원들이 나의 부를 축적하기 위해 열심히 일한다는 점이 가장 큰 장점입니다. 내가 회사의 주인이기 때문입니다.

이처럼 주식에 투자했을 때 나에게 돈을 벌어다 주는 사람들은 그 회사의 직원들인데, 이상하게도 한국 투자자들은 자신이 돈을 벌려고 노력합니다. 즉 주식을 사고 파는 방법으로 돈을 벌려고 하는 것입니다. 이는 도리어 주식투자에 실패하게 되는 가장 큰 원인입니다. 잘 알지도 못하는 기업을 끊임없이 사고팔면서 10%, 20% 정도의 수익을 얻으면 잘했다 여깁니다. 그렇지만 그 수익을 지키지 못하고 끝내는 패배자의 모습으로 시장을 떠납니다. 그러면서 말하죠. "역시 주식은 도박이야." 주식이 도박인 것이 아니라 자신이 했던 행위가 도박이었다는 걸 모르면서 말입니다.

주식투자는 좋은 기업을 선택하는 것이 관건입니다. 그런 다음에는 그 주식을 오래 갖고 있기만 하면 됩니다. 좋은 기업은 나날이 성장하여 시가총액이 커지고 배당금도 늘어나게 되어 있습니다. 투자한 사람들은 기다리기만 하면 됩니다. 물론 회사에 변화가 생기는지를 관찰하고 감시하는 노력이 필요합니다. 지분을 가진 동업자니까 그 정도의 노력은 필요하지요.

만약 주변에 주식투자를 했다가 결과가 좋지 않았던 사람이 있다면, 그 이유는 투자 철학의 부재 때문이지 주식투자를 했기 때문이 아닙니다. 주식투자로 성공한 사람도 간혹 볼 수 있는데, 이들에게는 공통점이 있습니다. 장기투자를 했다는 점입니다.

■ 저는 주식은 멀리하고 부동산에만 투자해왔던 사람입니다. 부동산으로도 그동안 충분한 수익을 올렸는데, 앞으로는 주식과 부동산 중 어떤 것이 더 투자하기에 적합할까요?

한국 가정의 자산을 보면 대부분 부동산 비중이 지나치게 높습니다. 과거 20~30년간은 부동산 가격이 많이 올랐기에 많은 분들이 부동산에 투자해서 노후를 준비할 수 있었습니다. 그런데 앞으로는 특정 지역을 제외하고는 부동산 가격이 옛날과 같은 오름세를 보이기는 쉽지 않을 듯합니다. 가장 큰 이유는 출산율의 저하와 인구의 고령화입니다. 갈수록 집을 사려고 하는 사람보다 팔려고 하는 사람들이 많아질 가능성이 있습니다.

이에 비해 주식은 경제가 성장할수록 필수적인 투자처가 될 것입니다. 특히 부동산에 투자할 때와 달리 목돈이 필요치 않다는 이점도 있습니다. 일상의 불필요한 소비를 줄이는 것만으로도 충분히 투자금이 될 수 있습니다. 수입의 일부를 정기적으로 주식에 투자하고 아낀 돈으로 꾸준히 주식을 사 모은다면 훌륭한 은퇴 준비가 되리라고 생각합니다.

■ 주식투자는 하면 안 된다는 편견을 갖고 있던 사람입니다. 이제부터라도 주식투자에 관심을 가져야겠네요. 어떻게 시작해야 할까요?

연세가 많아서 장기로 투자할 수 없는 분이 아니라면 반드시 주식이나 주식형펀드로 노후 준비를 해야 한다고 생각합니다. 다만 연령에 따라 자신의 금융자산 중 주식투자 비중을 어느 정도로 할 것인가를 고민해야 하겠죠. 예를 들어 자신의 나이가 50세라고 하면 금융자산 중 주식 비중이 50~70%가 되어야 한다고 생각합니다. 물론 이는 본인의 성향에 따라 달라질 것입니다. 그리고 분산투자도 명심해야 합니다. 한국뿐만 아니라 해외의 주식에도 관심을 가져야 합니다.

또한 자녀들에게 주식투자를 권장해야 합니다. 자녀들은 오랜 기간 투자할 수 있으므로 장기투자의 결실을 더 크게 얻을 수 있습니다. 자녀들에게 사교육을 시키고 있다면, 그 돈을 주식에 투자하여 미래를 대비해주는 것이 훨씬 더 현명한 방법입니다. 당장 없어도 생활에 큰 지장이 없는 자금으로 시작해야 하고, 특히 빚을 내서 투자하면 절대로 안 됩니다.

▨ 여유자금이 없어서 주식투자를 못 합니다.

주식투자를 여유자금으로 해야 한다는 건 너무도 당연한 말입니다. 그런데 많은 사람이 여유자금이 없어서 투자할 수 없다고 말합니다. 정말 그럴까요? 아닙니다. 여유자금이 없는 것이 아니고 노후 준비에 대한 심각성을 인식하지 못해서 그렇습니다.

　노후 준비는 내가 벌어들인 돈을 지출할 때 가장 먼저 고려되어야 하는 항목입니다. 물론 재산이 엄청나게 많다면 모르겠지만, 그렇지 않은 사람들은 수입이 줄어들 가능성이 있는 노후를 위해 지금 준비를 해둬야 합니다. 가장 먼저 수입의 일정 부분을 주식투자에 할애하라고 강조하는 이유가 이 때문입니다.

　그런 다음 소비를 줄여 아낀 돈 역시 주식투자에 보태 자본이 일을 하게 해야 합니다. 여유자금은 다 쓰고 남은 돈을 말하는 게 아닙니다. 현재의 소비를 최대한 줄여 미래를 만드는 자금을 말합니다. 무의식적으로 되풀이하는 낭비성 지출을 주식투자로 전환해야 합니다. 특히 과도한 사교육비, 명품, 외제차 등은 지금 당장은 자기만족이 될지 몰라도 노후에 가난해지는 지름길입니다.

■ 기업을 선택할 때 무엇을 가장 중점적으로 고려해야 할까요?

주식투자는 동업하는 것과 같은 것이라고 누누이 강조했습니다. 어떤 동업자와 일하고 싶은지 생각해보세요. 당신은 동업자를 고를 때 어떻게 하나요? 무엇이 가장 중요한가요? 신뢰할 만한 사람인지 아닌지를 먼저 따지지 않을까요? 그다음에는 그의 사업 능력 등이 중요한 판단 기준이 되겠지요.

이를 주식투자 측면에서 이야기하면 기업지배구조라는 말이 됩니다. 투명경영에 대한 나름의 분석이 필요하죠. 얼마나 주주 중심의 경영을 하는지를 유심히 살펴야 합니다. 주주의 이익을 중시하는 회사는 대부분 투자자들을 실망시키지 않습니다. 제가 과거에 주식을 매도한 경우는 회사의 전망이 나빠서인 경우보다 지배구조에 실망해서인 경우가 더 많았습니다. 기업지배구조가 나쁘면 장기투자를 하기 힘듭니다. 지배구조가 나쁘면 회사가 아무리 잘되더라도 십수 년 후 주식 가격이 낮게 형성될 확률이 높기 때문입니다.

한국 기업의 지배구조에 대해 외국의 투자가뿐만 아니라 많은 개인 고객들도 걱정을 합니다. 하지만 저는 개인적으로 낙관적인 견해를 갖고 있습니다. 과거에는 대주주들이 주식 가격에 별로 관심을 안 가졌을지 모르지만 앞으로는 주식 가격에 신경을 쓸 수밖에 없다고 봅니다. 자신들의 부의 규모가 주식 가격에 의해 결정된다는 것을 깨닫게 되는 시기가 올 것이기 때문이죠. 예컨대 일감 몰아주기처럼 주주 이익을 훼손하는 일이 발생하면, 그것이 주식 가격에도 반영됩니다. 시가총액의 하락폭이 일감을 몰아줘서 생기는 이익보다 훨씬 더 클 것입니다.

지배구조의 모범사례로 아모레를 들고 싶습니다. 시가총액의 향상으로 경영진도 큰 부자가 됐고 투자자들에게도 많은 이익을 가져다주었습니다. 만약 아모레가 작은 이익을 위해 주주들의 이익에 반하는 일을 했다면 경영진의 부의 규모는 훨씬 줄어들었을 것입니다.

앞으로는 분식회계 등 그동안 있었던 주주가치 훼손

사례가 많이 줄어들 것으로 예상됩니다. 코리아 디스카운트도 줄어들 것이고 이는 주식투자를 원하는 사람들에게는 좋은 소식입니다.

▨ 제 주위를 돌아봐도 퇴직연금에 대한 관심들이 별로 없습니다. 회사가 다 알아서 해줄 거라고 생각하는데, 그렇지 않은가요?

회사에 오래 다닌 사람은 보통 퇴직금으로 노후 대비가 될 거라고 생각합니다. 그러나 정작 자신의 퇴직연금이 어떻게 운용되고 있는지는 모르는 사람이 많습니다. 퇴직연금에는 두 가지 형태가 있습니다. 확정급여형(Defined Benefit)과 확정기여형(Defined Contribution)입니다. 보통은 DB형과 DC형이라고 부릅니다. DB형은 퇴직 시에 수령할 퇴직급여가 근무기간과 평균임금에 의해 이미 정해져 있는 형태를 말합니다. 이 퇴직급여에 대한 운용지시를 기업이 내리기 때문에 운용 결과에 따라 기업이 부담해야 하는 금액이 달라집니다. 결과가 좋든 나쁘든, 정해진 만큼의 액수를 근로자에게 주어야 하기 때문입니다. 대신 운용 수익이 근로자에게 돌아가지도 않기 때문에 요즘 같은 저금리 시대에 근로자가 노후를 대비하기에는 부족합니다. 반면 DC형은 근로자가 적립금의 운용 방법을 결정할 수 있습니다. 주식에 얼마나 투자할지를 직접 정할 수 있는 것입니다. 따라서 그 운용 성과와 위험도 근로자가 책임집니다. 하지만 퇴직연금은 회사를 오래 다닌 후에 수령하는 것인 만큼 장기 투자가 가능해 큰 결실을 볼 수 있습니다.

장기투자를 전제로 하면 DC형만큼 안전한 자산이 없습니다. 그런데 놀랍게도 한국 퇴직연금의 주식 비중은 세계에서 제일 낮은 수준입니다. 절대다수가 DB형 연금제도를 채택하고 있습니다. 조금만 공부하고 노력을 들이면 훨씬 안정적인 노후를 보낼 수 있는데, 거의 유일한 노후 대비 수단을 회사에 맡겨두는 것입니다. 이는 무척 안일한 태도입니다.

이런 식으로는 노후를 준비할 수 없습니다. 지난 2년

동안 많은 금융기관의 퇴직연금 관계자들을 만났고 퇴직연금 변화의 시급성을 알리려고 노력했습니다. 작은 성과들은 있었지만, 대부분의 사람이 아직도 자신의 퇴직연금을 회사에 맡겨둔 채 신경 쓰지 않습니다. 최근에 법으로 퇴직연금의 주식투자 비중을 40%에서 70%로 상향 조정했습니다. 그나마 다행이긴 하지만 아직도 아쉽습니다. 100%까지 주식에 투자할 수 있게 바뀌어야 합니다. 한국은 모든 분야에서 발전해왔는데 투자에 대한 인식은 너무 후진적입니다. 주식투자가 도박과 유사하다는 인식이 너무 강합니다.

■ 제 은퇴자금 중 퇴직연금이 유일한 자산입니다. 퇴직연금으로 원금이 보장되지 않는 주식펀드에 투자해도 될까요?

퇴직연금이 본인의 유일한 은퇴 자산이라면 노후 준비가 덜 되어 있다고 생각합니다. 그리고 원금보장에 연연한다면 더더욱 노후에 힘든 생활을 할 수밖에 없을 것으로 보입니다. 물론 연령에 따라 비중은 다르겠지만, 원금보장에 연연하기보다는 퇴직연금도 나의 자본이기 때문에 노동과 마찬가지로 열심히 일을 시켜야 합니다. 자본이 일하게 하는 방법 중 주식투자가 최선의 방법입니다. 퇴직연금은 자연스럽게 장기투자를 할 수 있고, 월급의 몇 퍼센트가 꾸준히 적립되기 때문에 분산투자도 됩니다.

자본의 증가 속도가 임금 상승 속도보다 빠르다는 점을 이용해야 합니다. 그러려면 가장 먼저 원금보장이라는 이상한 틀에서 빠져나와야 합니다. 퇴직연금이 유일한 노후자금인데 원금이 보장되지 않으면 위험하다는 인식에서 벗어나야 합니다. 원금이 보장된다는 어처구니없는 논리로 내 노후자금을 은행에서 잠자게 하는 것은 옳은 일이 아닙니다. 은퇴 준비를 위해서는 퇴직연금뿐만 아니라 여유자금으로 주식에 더 투자해야 합니다. 월급의 일정 부분, 그리고 잘못된 소비습관을 줄여서 주식을 사 모아야 합니다.

■ 장기투자해야 한다고 하셨는데, 어느 정도가 장기인 가요?

주식을 조금 공부해본 사람이면 장기투자, 분산투자하라는 조언을 수도 없이 들었을 것입니다. 그런데 문제는 그들이 말하는 장기투자가 진정한 장기투자가 아니라는 데 있습니다. 소위 전문가라는 사람들도 장기투자가 중요하다고 말은 하지만 3개월, 6개월 수익률에 안절부절 못하는 모습을 쉽게 볼 수 있습니다. 3개월, 6개월을 가지고 장기투자라고 말하는 것은 기업의 펀더멘털에는 관심이 없다는 소리입니다.

장기투자자의 관점에서는 1년도 짧은 시간입니다. 아무리 좋은 사업 모델과 기업지배구조를 가진 회사라고 하더라도 주가가 단기간에는 상승과 하락을 반복할 수밖에 없습니다. 주식은 사서 모으는 것입니다. 특별한 이유가 없으면 팔 필요가 없습니다. 좋은 주식은 장기적으로 오르게 되어 있기 때문입니다. 투자할 기업을 잘 고르기만 했다면 짧아도 5년 그리고 10년, 20년을 기다리는 것이 장기투자입니다. 주식에 투자한다는 것은 나무를 심는 것과 같습니다. 장기투자의 열매는 엄청납니다. 그리고 그 열매는 인내를 가진 진정한 장기투자자만이 얻을 수 있습니다.

▨ 장기투자해야 한다는 말을 믿고 어떤 주식을 5년 전에 샀는데요. 아직도 원금에 비해 큰 손실이 난 상태입니다. 그래도 장기투자를 하는 게 맞는 건가요?

장기투자에 대해 오해가 많은 것 같습니다. 장기투자는 좋은 주식을 사서 오래 갖고 있어야 한다는 말이지 아무 주식이나 사서 오래만 갖고 있으라는 뜻이 아닙니다. 좋은 주식을 고르는 데 집중해야 하며, 그런 후에는 단기간의 그래프를 보고 매매를 결정하거나 가격의 변동에 영향을 받지 말라는 말입니다. 단순히 10%나 20%의 가격 등락에 연연하지 않고 긴 시간에 걸쳐 투자하면 더 큰 수익을 올릴 수 있습니다.

장기투자를 해도 어떤 주식에서는 손실이 날 수 있습니다. 심지어 상장폐지가 될 수도 있지요. 그렇기 때문에 종목을 선택할 때 신중해야 하겠지요. 투자에 실패하는 이유가 대부분 스스로 공부하지 않고 주위 사람들의 권고에 따라 투자를 했기 때문입니다. 투자하고 나서도 지속적인 관심이 필요합니다. 과거에는 잘되던 회사도 여러 가지 이유로 투자가치가 떨어지는 경우가 종종 있습니다.

이러한 위험을 줄이기 위해 여유자금으로 분산투자를 하는 것입니다. 여러 종목으로 분산하고 여러 나라에 투자해야 큰 손실을 피할 수 있습니다. 한두 종목에 장기간 투자했는데 손실을 보았다고 해서 장기투자하면 안 된다고 하는 것은 잘못된 생각입니다. 장기투자해서 10배, 20배 혹은 100배 벌 수 있는 주식이 포트폴리오에 있다면 한두 종목의 손해는 충분히 만회할 수 있습니다.

■ 아무리 장기투자라고 해도 언젠가는 매도해야 하지 않을까요?

맞는 말입니다. 장기투자라고 해서 생각 없이 무작정 오래 들고 있는 것이 아닙니다. 다만 매수·매도 타이밍을 알아내려고 노력하는 대신 투자한 종목이나 펀드에 관심을 갖고 지속적인 관찰과 연구를 해야 합니다. 살 때 분명한 이유가 있는 것처럼 팔 때도 분명한 이유가 있어야 합니다.

메리츠의 운용팀은 회사에 있는 시간보다 밖에서 보내는 시간이 많습니다. 모니터를 들여다보며 매매하는 것보다 투자한 기업이나 새로운 투자 대상 회사를 직접 찾아가서 점검하는 것이 중요하기 때문입니다. 회사에 어려움은 없는지, 매출이 늘어나고 있는지, 경쟁자가 새로 생겼는지 등을 체크하는 일이 주된 업무입니다. 별문제가 없다면 우리는 매도하지 않습니다.

펀드도 마찬가지입니다. 펀드에 투자했다면 운용팀의 철학이나 변화에 대해 연구를 해야 합니다. 투자할 당시의 철학이나 팀에 변화가 없다면 매도할 필요가 없습니다.

우리가 주식을 매도하는 것은 크게 세 가지 경우입니다. 첫 번째는 예상하지 못한 이유로 주식 가격이 급등하는 경우입니다. 가끔 테마주라거나 하는 알 수 없는 이유로 주식 가격이 올라갈 때가 있습니다. 그때는 당연히 매도를 고려합니다. 두 번째는 회사가 투자를 결정하던 당시의 생각이나 철학과 다르게 경영될 때입니다. 지배구조의 변화가 있거나 회사 또는 회사가 속한 산업에 큰 변화가 있을 때 매도를 고려합니다. 세 번째는 할 수 없이 매도하는 경우입니다. 지금 회사보다 더 좋은, 꼭 투자하고 싶은 대상이 생긴 경우입니다. 우리는 항상 모든 자본을 투자하고 있기 때문에 새로운 주식을 매수하기 위해서는 현금이 필요합니다. 이럴 때는 할 수 없이 파는 것입니다. 이러한 세 가지 특별한 경우가 아니라면 매도하지 않습니다.

■ 한국 기업들은 기업지배구조 등 문제가 많다고 들었습니다. 그럼에도 장기로 투자할 수 있는 기업이 한국에 많은가요?

메리츠자산운용의 큰 특징 중 하나는 수없이 많은 기업을 방문한다는 점입니다. 발굴할 만한 기업이 있는지 하루에도 두세 번씩 찾으러 다니는 게 투자팀의 일과입니다.

한국에는 코스피와 코스닥을 합쳐 총 1,800개에 달하는 상장기업이 있습니다. 1,800개의 기업 중에서도 가능성이 큰 기업이 아직도 많습니다. 훌륭한 경영진과 건전한 기업지배구조, 튼튼한 사업 모델을 지닌 기업들이 많이 있습니다. 지금은 작지만 나중에 크게 성공할 기업들이 많습니다. 그런 기업들을 찾는 것이 주식투자의 성패를 가름합니다. 장기투자 관점에서는 더할 나위 없이 좋은 진주들입니다. 과거의 삼성전자, SK텔레콤 등이 좋은 예가 됩니다. 앞으로 10년, 20년 후에 크게 성공할 회사들은 얼마든지 있습니다.

■ 한국이 20년 전의 일본과 흡사하다고 합니다. 고령화, 인구 감소 등 심각한 문제가 많다고 하는데 주식에 투자했다가 일본처럼 되면 어쩌죠?

일본의 20년 전과 지금의 한국은 비슷한 점도 있지만 다른 점도 많습니다. 20년 전의 일본 경제는 상당한 버블 상태였습니다. 부동산 가격이 매일매일 치솟았고 주식 가격도 날마다 사상 최고치를 갈아치우던 때였습니다. 단적인 예로, 주식 가격을 이익으로 나눈 값인 PER이 70배를 웃돌았습니다. 하지만 인구의 고령화가 생산성의 저하를 가져왔고 재정이 악화되어, 이자율이 지속적으로 하락했음에도 장기 침체를 벗어나지 못했습니다. 특히, 많은 자산이 70대 이상의 노인층에 편중되어 있었고 그들의 자금이 은행 예금에 머물러 있었습니다. 일본은 개혁을 게을리했습니다. 그중에서도 금융의 중요성을 간과했습니다. 여기에서도 알 수 있듯이, 한국이 일본처럼 되지 않기 위해서는 오히려 주식투자를 해야만 합니다.

일본에 갈 때마다 느끼는 것이지만 일본인은 변화를 무척 두려워하는 민족입니다. 새로운 것을 받아들이는 속도가 무척 느립니다. 예를 들어 인구가 줄어드는 만큼 노동력의 부족을 메우려고 노력해야 하는데, 일본은 외국인 노동자에 대해 적극적인 정책을 쓰지 않았습니다. 또한 여성 노동력을 홀대했습니다. 반면에 한국은 다르죠. 모자라는 인력을 외국인들이 차지하는 것에 큰 불만이 없습니다. 외국인을 차별대우하는 것이 가끔 문제화되긴 하지만 우리나라는 외국인 노동력에 관대한 편입니다.

20년 전 일본과 또 하나 다른 점은 중국의 부상입니다. 중국 경제에 대한 우려가 존재함에도 앞으로 중국이 미국보다 부강한 나라가 되리라는 점은 부정할 수 없습니다. 그 중국이 바로 옆에 있다는 것은 한국에 커다란 기회입니다. 중국의 출현으로 한국의 많은 기업이 경쟁력을 잃을지 모릅니다. 미국이 일본에 많은 분야를 넘겨주었고 일본이 한국에 넘겨주었듯이, 한국도 중국에 경쟁력을 빼앗길 산업이 많을 것입니다. 그렇기 때문에 한국은 더더욱 금융산업에 힘쓸 필요가 있습니다.

미국은 일본에 제조업 분야를 넘겨주고도 강대국의 자리를 잃지 않았습니다. 금융강국이었기 때문이죠. 국민들의 전반적인 금융 교육 수준이 높고, 주식에 투자하는 것을 이상하게 생각하지 않습니다. 기업들은 스톡옵션(stock-option)이나 스톡그랜트(stock-grant) 제도를 당연하게 도입하고 있고, 주식 비중을 높인 퇴직연금제도를 통해 불황을 극복해낸 전례가 있습니다.

반면 일본은 제조업의 강자였음에도 금융에는 별로 신경을 쓰지 않았습니다. 일본인들은 주식투자를 부끄럽게 여겨 투자를 하더라도 그런 사실을 숨기는 사람들도 있다고 합니다. 청년들은 도전정신이 없고 안일함을 추구하는 이들이 많다고 합니다. 세상은 빠른 속도로 변하는데 옛것을 그리워하고 지키려는 보수적인 경향이 강합니다. 위험을 싫어해서 자산 대부분을 은행 예금에 넣어둡니다. 실제로 일본 국민들의 지나친 안정 위주의 자산관리가 경제위기의 한 요인이 되기도 했습니다. 어마어마한 돈이 은행에서 잠들어 있었기 때문입니다.

한국은 일본의 전철을 밟아선 안 됩니다. 일본처럼 되지 않으려면 우리 국민은 달라야 합니다. 금융업을 핵심 산업으로 발전시켜야 하고, 주식에 투자하는 사람들이 많아져야 하며, 단기간의 변동성에 일희일비하지 말아야 합니다.

존 리의 미래를 위한 투자 원칙

엄마, 주식 사주세요

제1판 1쇄 발행 | 2020년 5월 28일
제1판 16쇄 발행 | 2024년 7월 5일

지은이 | 존 리
펴낸이 | 김수언
펴낸곳 | 한국경제신문 한경BP
책임편집 | 윤효진
교정교열 | 공순례
저작권 | 박정현
홍보 | 서은실 · 이여진 · 박도현
마케팅 | 김규형 · 정우연
디자인 | 장주원 · 권석중
본문디자인 | 디자인 현

주소 | 서울특별시 중구 청파로 463
기획출판팀 | 02-3604-590, 584
영업마케팅팀 | 02-3604-595, 562   FAX | 02-3604-599
H | http://bp.hankyung.com   E | bp@hankyung.com
F | www.facebook.com/hankyungbp
등록 | 제 2-315(1967. 5. 15)

ISBN 978-89-475-4593-8   03320